长诗集

演奏者

尚飞鹏 著

陕西新华出版
陕西人民出版社

图书在版编目（CIP）数据

演奏者 / 尚飞鹏著 . -- 西安 : 陕西人民出版社 ,
2024. 8. -- ISBN 978-7-224-15426-9

Ⅰ . I227

中国国家版本馆 CIP 数据核字第 20246DZ523 号

责任编辑：齐向红
整体设计：杨亚强
封面插图：郭庆丰

演奏者
YANZOUZHE

著　　者　尚飞鹏
出版发行　陕西人民出版社
（西安市北大街 147 号　邮编：710003）
印　　刷　中煤地西安地图制印有限公司
开　　本　787 毫米 ×1092 毫米　1/16
印　　张　28.75
字　　数　342 千
版　　次　2024 年 8 月第 1 版
印　　次　2024 年 8 月第 1 次印刷
书　　号　ISBN 978-7-224-15426-9
定　　价　98.00 元

自序

音乐思维与我的长诗写作

《演奏者》是一部长诗集，自然它的序应该写关于长诗的创作。长诗创作这个话题既沉重又快乐，之所以沉重，是因为它表现的内容深刻而丰富，它体量的宏大使其承载力有无限的可能性。快乐则是创作过程中由灵感带来的各种感官享受，以及一泻千里的酣畅淋漓的表达。谈长诗创作会涉及很多问题，这里就不展开其他问题了，只谈我的长诗创作。

《演奏者》是我继《情王》之后的又一部长诗集，是时隔三十年的又一部力作。对于一位古稀老人而言，他不再像四十岁出版《情王》时那么年富力强。那时的我，和一个小伙子一样风华正茂，还是一个音乐工作者，创作了很多歌曲和舞蹈音乐，还没有放弃成为作曲家的梦想。就在这个关键时刻，诗歌找到了我，敲开了我的家门，我也对它一见钟情，于是，我把音乐的灵魂迁入诗歌的身体里，我中有它，它中有我，从此我们谁也离不开谁。

我从十三岁开始学习音乐，尤其在音乐学院学习小提琴的过程中，受到了良好的音乐教育，每天严格的训练，使我获得了正确的学习方法，既勤学苦练又善于思考，这是学习小提琴的必经之路。如果要成为一名优秀的演奏员，必须从练习空弦开始，到音阶练习，再到乐曲演奏，不仅基础要打好，每一步都必须正确，才有可能实现音乐的梦想。音阶和练习曲练到哪个程度，才能演奏哪个级别的乐曲，没有练到这个阶段的难度，不可能演奏超越练习曲范围之外的曲目。音乐学院培养一个专业音乐人才，有一套科学的严格的教学方案，最起码需要十年的时间。

音乐是一门特殊专业，即使有音乐天赋也是远远不够的，天赋只是条件好于别人而已。当然，并不是每天练琴多就能获得更高的演奏技巧，学好音乐的因素很多，综合素质非常重要。我常常把我学琴的经历也算作写诗的经历，这种艺术实践的艰苦磨炼，确实对艺术创作起到了巨大的作用，这是有道理的。因为对音乐的理解与表达，与诗歌创作有共同的艺术感悟。当练琴练到一定的程度，思维就像长了翅膀，一种奇思妙想就会参与进来，一起完成艺术创造。这种艺术思维具有广阔的想象力和遥远的空间感，它是一种创造性的思维。我在练琴的时候，常常会即兴演奏一些旋律，或激昂，或悲壮，或柔情似水，或忧伤不已，一练就是几个小时，我认为，这就是早期潜伏在身体里的诗意表达，通过小提琴演奏的旋律传递出内心需要倾诉的情感。

20 世纪 80 年代初，我开始诗歌写作，时年二十七岁。当然，这不是偶然的，与我从小爱好文学、喜读小说有关。可以说，音乐给了我诗歌写作的灵感，如果没有音乐的启示和抽象的艺术实践，我不可能快速进入诗歌创作的快车道，尤其是长诗创作的推进，和早期超现实主义的表达方式。音乐是用音符的音高和节奏组成的旋律表达情感，它本身没有明确的意义，不像文字一目了然。音乐必须用心灵的感应，靠天生对音乐的敏感琢磨出每一个音符飞翔的线路和方向。我1984年写出第一首长诗《唢呐独奏》，这组诗能写出来，完全得益于音乐思维和音乐结构的影响，那是我学习音乐十七年之后与诗歌第一次真正的融合。

关于长诗的创造，我在第一部长诗集《情王》的后记里有过论述，也许，《情王》里的作品更前卫，而现在的作品更深刻成熟。一个诗人从青年到中年，从中年到老年，在这漫长的岁月里，经历了很多不为人知的沧海巨变，经过岁月的洗礼、苦难的磨炼、创作的锤打，才能进一步体会生命中很多不同的味道。人生的每一个阶段都有不同的意义，所以，每一个时期创作的长诗都是必要的，独特的，个别的，不一样的，不可复制的。

我的长诗写作有我自己的写作思维方式和写作方法，与任何人的长诗写作无关。我常用简单的方法解决复杂的问题，我的一生最大的优点是把复杂的问题简单化，这也许是一个最大的缺点，因为人的生存本来不简单，长诗的写作也不简单。可是，我偏偏是一个逆水而行的人，将再怎么复杂的问题，都用我认为简单的生活方式和艺术语言表达出来，在我看来，长诗写作就应该是这个纯粹朴素的样子，也许这种创作方法只适合我一个人。

在诗坛，很多人认为，诗不在长，把短诗写好了胜于长诗，没必要把诗写得那么长。我们先不说这些观点的对错，首先要承认人与人之间的差别，不能你长得高就不能有低个子的人，你生得丑陋就不能有漂亮的人，你不喜欢的事物别人就不能喜欢。关于长诗和短诗的讨论，我有过很多论述，在这里我只想说一句话：如果说一首短诗是一朵花，那么一首长诗就是整个花园。

我的每一首长诗创作，都是长期积累的思想和情感的爆发。我对我的长诗创作有一个通俗的比喻，就好比手中握着一根线头，抓住线头一直往外抽，就有无尽的线被抽出来，仿佛这根线有无限的长度，这个长度就是源源不断的思维。如果内心没有丰富的体验，就不会有线头，更不可能有无限长的线，这线就是思维的长度。同理，给我一个音符，我就能幻化出千万个音符，给我一个字，我就能写出几百行诗句是一个道理。我写长诗与音乐的本质表达有关，与思想的长度有关，与生活的积累有关，与长期的艺术实践有关，与丰富的想象力有关。

我的长诗更关注内在的结构，而不是外在的形式，它更像是进行中的音乐，比如每一条小提琴练习曲，都有非常精密的结构。我的诗歌作品的结构，是在长期的小提琴练习曲中形成的，是在反复演奏音乐作品中，受到了音乐结构影响的结果。我们在欣赏一首交响曲时，每一个段落、每一个乐句、每一个小节，都有它必然构成的理由。一首音乐作品的结构并不明显，它主要靠文字和标题的提示，它的本质是通过音符的序列，组成一个有序而抽象的旋律体现出来，它是藏在听者潜意识里的一种同样抽象的图像，往往听者无法说出对音乐的感受，即使是标题音乐也无法揭示音乐中的奥秘，多数听众靠心灵的感悟体会到音乐的感染力，这就够了。在诗歌创作方面，虽然有的诗人把结构写得很好，可是没有诗意，这样的结构形同虚设，我要说的是，在长期欣赏音乐的这种潜移默化的过程中，音乐的影响会在其他艺术形式的表达中自然形成天衣无缝的内在结构。

我的每一首长诗的产生，没有相同的方法，都是独具个性的，甚至是奇特的相遇。比如《乱辞》的写作在夏天，我在我的音乐工作室，只穿着短裤从早上9点写到晚上7点，去掉中午一小时吃饭时间，九个小时完成四百多行的作品，这首诗最初的题目叫《迷踪拳》。《貂婵》是在1993年冬天创作的，当时因为我的哮喘病犯了，在陕西省京剧院门口的一家私人诊所挂液体，一个偶然的事件刺激了我敏感的神经，貂婵成为我倾吐情感的对象，在灵感推动下，这首诗完成得很顺利，没有怎么修改。

《无旋律》《无节奏》《无调性》“音乐三部曲”这首长诗的创作，完全是在一种恍惚中进行的，就是我们所说的潜意识的状态。《半音音阶练习》这首诗是一边即兴弹钢琴一边即兴写作，用一个上午完成，写作过程完全是一种享受，可以说是一种音乐行为，就像在演奏一首乐曲，仿佛文字在我的笔下变成了音符。

我们知道“无调性音乐”是现代音乐的一种重要流派与表现形式之一，其构成方式与经典音乐具有互补意义。无旋律可以与无调性互为理解，而无节奏音乐的说法是我的一种发明，相当于没有小节的自由的华彩乐句的表现形式。在《小提琴与萨克斯管的不断变奏》这首诗里，我想让音乐的复调手法参与其中，尽管诗歌中的复调只是一种臆想，我们需要探索。复调指的是两个旋律以上同时演奏出来的音乐作品。更为复杂的音乐形态是交响乐，音乐可以出现更多的旋律和声部，用不同的乐器编织成一个庞大的音乐体系，表现出任何情感需要的听觉享受。

《黄土高原》这首诗2017年5月先写了第一节，6月写了四节，

10月写了一节，11 月写了三节，2018 年 3 月写了一节，最后一节2018 年 4 月 1 日完成，用了近一年的时间，完成了一首六百多行的作品。特别奇怪的是，写作的整个过程，就像写给一个热恋着的姑娘一样，其实就是把无边的黄土高原作为热恋的对象，这种把整个情感放在黄土高原上的意象，表达出来更广阔，更奔放。所以《黄土高原》这首长诗获得了2023年第八届中国长诗奖最佳文本奖。《大梦》的写作主题先行，还没有动笔之前，就把“大梦”两个字写在一张稿纸上，用图钉钉在桌子对面的墙上，这样只要一坐在凳子上就一定会看到“大梦”两个字，只要来了灵感，与“大梦”有关的词汇就会跳出来，这样的写法很有意思。

《情王》是《情王》诗集中的一首长诗，用这首长诗的标题做了诗集的书名。这首诗也是一气呵成，但是在修改的过程中非常艰难，修改了不下十次，我一度想放弃，可是又舍不得，最终改到改不动，就留下来了。《唢呐独奏》是我创作的第一首组诗。我在 1984 年参与了陕北民间音乐器乐集成的工作，转录了一百多盘陕北唢呐独奏曲，这首诗就是在此时产生的灵感，我发现陕北唢呐曲里有交响乐的因素，这首诗是戴着录音耳机边听边写出来的作品。

我的长诗写作与音乐有关，尤其是诗集《情王》里的所有长诗作品，几乎都是听着交响乐写出来的，其中有贝多芬的《命运交响曲》《田园交响曲》，柴可夫斯基的《悲怆交响曲》《天鹅湖》《胡桃夹子》，格什文的《一个美国人在巴黎》，莫扎特的《第五小提琴协奏曲》《布拉格交响曲》等，我最爱听的交响乐是德沃夏克的《自新大陆》，德彪西的《牧神午后》《d 小调大提琴与钢琴奏鸣曲》，格罗菲的《大峡谷》，舒伯特的《未完成交响曲》。总之，音乐在我的生命中一直在起作用，尤其在诗歌创作的时候，就会出现。长诗创作的过程就像是一场梦，怎么都觉得那些诗句不是我写出来的，是诗神给我的恩赐，尤其是诗集《情王》的写作。这些作品超越了我的人生经历和天赋，以及智慧的范畴，我现在再回过头来仔细思考这个问题，才恍然大悟，那是在神的指引下让我用笔记录了音乐灵魂的图像，是灵魂在行走、在歌唱、在狂欢、在舞蹈的音乐思维。

我的诗歌创作是没有规律的，写作也是没有具体时间的，每一首诗也没有相同的创作方法，灵感什么时候都可能降临，有时候在半夜梦醒，有时候在梦中，有时在车上，有时候正在吃饭……每一首诗的出现，都是震撼心灵的时刻，对我来说，我的诗没有好坏之分，诗到我这里来是我的命，也是诗的命，是我们共同的命。所以我永远随身带着纸和笔，以便随时记录飞来的灵感。自从有了微信，可以在备忘录里手写，可是我已经习惯先写在纸上，然后再写在记事本里。

其实一个普通的读者对诗歌的评价不能太任性，如果你本身没有修养出诗意的欣赏能力，没有阅读后能够引起心灵共鸣的悟性，就妄下定义，是不负责的态度。我一直认为，一个优秀的诗人，每一句诗的背后，都有其文化内涵和历史渊源。

《剪刀》创作于2005年，这个意象的出现，最直接的是与民间的剪纸有关，剪纸者姑娘和妇女最多，通过这些基本意象变化出更多的意象，呈现现代诗多元性表现方式的手段，由此达到艺术创作的高度。在《情王》这部诗集里，第一首长诗就是《三十六首情歌》，可以说整个诗集的内容，都是写给一个我暗恋的女人。从20世纪70年代开始到现在，五十年过去了，这个被暗恋者的形象越来越模糊，甚至不复存在，而诗歌的脸越来越清晰，只留下诗歌不朽的形象。事实上，没有谁能够抓住一个诗人的灵魂，因为它永远是一首未完成的长诗，在未来的岁月，每一首长诗的诞生，依然是我灵感的闪现，没有灵感是不可能写出来好诗的。

我的诗歌创作与音乐创作的理性思维与抽象的表达是成正比的，不会因为抽象的属性而淡化理性的思考。我认为音乐中的抽象性表达，完全是由音乐属性决定的，在某种程度上正好与诗歌抽象性存在的部分属性契合，于是它们的联姻促进了诗歌本质属性的有利发挥和表达。

长诗集《演奏者》，一共收入三十五首长诗，对于一个演奏者而言，我看到一个音符和看到一个汉字一样激动不已，它们的生命与我的生命融为一体，让我能够明确地表达人世间的情感和传递思想的义务，这就是我的音乐思维与长诗写作。

2024 年 1 月

目录

第一辑 诗路长安

第二辑 高原幻象

第三辑
情歌绽放

第四辑
诗意人生

第一辑

诗路长安

和唐三藏一起走在取经的道路上

一

这之前　什么都没有　人类也没有
只有树　茂密的森林在自由生长
很多树　还有桑树　活了多少万年
等待着人类　自从有了人类　也有了中国
从此中国　有了美丽的身体

河流在大地上四处奔走
时间在风中飘扬　生命在土地里生长
把我们从子宫里解放出来　有了孩子们的欢笑
让山羊的美声和狼的摇滚一起歌唱

亚洲啊　我把我的生命给你
像一条浩浩荡荡的河流　我把爱给你
自由和民主好像是老生常谈

我先于哲学和美学见到你　我的爱人
把你给我吧　我们不要等到生命的尽头

二

这不是我的地图　走遍全世界
寻找我的目标　人生在哪里啊
我的兄弟　过去的生活是一潭死水
永远没有止境　你和你的国家
以及无边的大海　都是一样的渺茫
听听岁月的声音吧　匆匆而来又匆匆而去
一加二等于三　而零加零等于无限
我的工作是召唤　让沉睡的苏醒
让生命积极而主动　我和我的身体全力以赴

三

不是所有的人可以踏上旅途
经历艰辛的跋涉　或者半途而废
把岁月的声音集中到一起
把白天和黑夜连接到一起
我们不小心碰上魔鬼和魔鬼的子孙后代

让你能到达的日期与原来的预想相去甚远
不要犹豫　理想的目标无论有多远
就像等待你的情人一样一直等下去
也许他们不相信未来　这也没有什么
未来就在那里　从来都没有离开

你只管做你的事情　甚至不要左顾右盼
照顾好你的亲人　母亲和父亲
还有你的孩子们　奔跑起来的快乐
幸福是最好的东西　给所有的夫妻祝福
把水果和鲜花端上来　放在桌子的中间
就像一条大河从城市的中央穿过
你去过的地方　亲眼看到的事物让你感动

老人们饱经风霜　慈祥的容颜和蔼可亲
年轻人的头脑灵活　反应敏捷
啊　美丽的姑娘们　身材窈窕
小伙子们身体强壮　在获得智慧的同时
采集爱情的光芒　拥抱着你的心上人
一起走上大路　我们的路是康庄大道　通向世界

方向就在前方　道路就在脚下
挺起胸膛的气派　或者悲伤地行走
健康的和有病的　绝望的和骄傲的
受人欢迎的和遭人拒绝的　我们一起走
我们在走　我们一直走向伟大的明天

走出来吧　从后台走到前台　从黑暗走向光明
我们说出真相　一切有望解决　让它们曝光
让他们崩溃吧　谁是信得过的朋友　来听你的心里话
每个人都心怀鬼胎　神神秘秘　躲躲藏藏
我无法走过大街　在咖啡厅里约会
在动车厢里　在机舱里　在公共厕所思考重大问题

歌舞厅灯红酒绿　把问题摆在桌面上　或者床上
在一切地方　所有的生命必须行走
任何一种行走　都是走向死亡
既然如此　为什么循规蹈矩
话说吞吞吐吐　办事拖拖拉拉
如果所有的一切与生命无关
怎么又会触及灵魂深处呢

四

我挑着担　你牵着马　跟着唐三藏取真经
我们是一伙的　我们经受千难万险
我们走在大路上　鲜艳的红旗向太阳
我们是男人　是安静的海和愤怒的海的朋友
我们行万里路破万卷书　我们是远方的客人
我们是个性特别的男人和女人　是孤独的人　是劳动的人
我们停不下脚步　看着山川河流和两岸鹅卵石流泪
我们戴着脚镣跳舞　刑场上亲吻新娘
我们是入狱的囚犯　守陵人　我们是马桶
我们是行者　走过年复一年的岁月
我们处在各自不同的时代　有快活的人　有不快乐的人
有丰硕而成熟的女子　有进入耳顺时代的老人
耳顺时代的平和　具有与宇宙相同的辽阔
耳顺时代在流淌　具有傲视死亡的能力与胸怀

五

诗歌到这里了　应该有灵魂的出现
灵魂在生命的另一边　它闪烁着光辉
我快乐的心　为什么从大树下穿过
快乐挂在那些树上　这些丰满的果实
它们会为我们掉下来　那些可爱的男人和女人
当我们停下来　彼此对视　心领神会
是什么让我们享受到人间最美好的幸福

六

灵魂是不安分的　就像男人见了女人
年轻人的依恋在内心流淌成大河
渴望着相见的快乐　你们要走到一起
走到一起才不会疲倦　大地深不可测
那里有不可知的秘密　那里的秘密超越了一切

跟我同行　没有胆量　没有健康的人
不要来　我们可能会耗尽所有的气力
有生命力的男人来到这里　意志要坚强
挺起胸膛迎接每一个早晨
做自己的主人　倾听自己的心声
摆脱束缚　随心所欲地走过大街小巷

西部是我的　也是我们共同的家园
我们比任何时候都足智多谋　心情愉快
看到的一切都是美好的　我要对漂亮的姑娘表白

你善待了我　我要赞美你们
你们就是世界　我要在你们中间歌唱
不管你爱上了谁　都会得到我的拥抱和祝福

七

我的女人就要出现了　她百里挑一
她在阳光下长大　我闻到了阳光的味道
在广阔的大地上　考验我们智慧的时刻到了
它将对我们的行为给予肯定　真理是事物的精华
它会通过现实的需要将平凡与伟大从灵魂中唤醒
在想象中我们奔腾的海洋之中　梦想得不到可靠的证据

没有人主动承认自己的过错
在过去或者未来　尊严和爱情走不到一起
一切终将成为虚无　只有真实的事物才有现实意义
想象也是现实　完全为我们敞开胸怀的人谁见过

世界是本来存在的　当你来到这个世界
碰巧遭遇到这些事件　你认识了你的兄弟姐妹
你与一切发生了关系　这是怎么回事呢
命运把我们安排在一间房子里　从此发生了很多事情
爱恨或者情仇　都是生命中必须经历的因果关系

八

大地大　天更大　人心比天还大
仿佛每个部分都散发出光芒

音乐响起来　在需要的地方狂欢
上帝还创造了忧伤　为人类准备好痛苦

我们肩并肩行走在大路上　我一转身
你就不见了　你是不是迷路了
像我们追求和崇拜的真理一样
常常找不到回家的路　好像从不拒绝邪恶

我并不相信有什么金光大道
可我相信你　相信爱情的力量
我爱你胜过爱我自己　有了爱情
还要诗歌做什么　我爱的人也会爱我

九

天空召唤我　并赋予思想和形体
雨水沐浴着我　我赶在天黑之前
靠近你　我潜藏在你看不见的地方
端详你的容貌　让我无法抑制自己

你们这些急于出售的玉石
河西走廊的入口　金戈铁马的战场
谁是战利品　谁是俘虏　人啊
你们从生到死获取了什么　把秘密传授下来

十

大路朝天　各走一边　不要左顾右盼

白人　黑人　黄种人　老人和孩子
乞丐与流浪人　醉汉与妓女　小偷与领袖
所有的人　都要从这里走过　一切都被赦免

一切都要回归　包括健康和自由
在世界面前　我们就是孩子
到想去的地方去　我们都是幸运者
不再等待　也不再抱怨　我们什么也不缺

有一条路　就足够了
不要把它铺成平坦的大道
曲折坎坷也是有的　肩负重任
带着男女老少　远赴他乡

我们相依为命　在任何情况下
不离不弃　你是我的　我也是你的
让我们一直走下去
不说话　只有嘹亮的歌声

从长安到敦煌

从长安出发
离别灞桥的垂柳
大汉出使西域的第一人张骞
还有玄奘法师背着双肩经箧
手持禅杖
徒步奔走
双手合十的僧人
歌唱着阿弥陀佛

我惭愧我还没有走遍
长安城千家万户的佛门
高谈阔论佛教的盛世
怎样把善良和慈悲
作为整个生命的全部
把自己献给佛祖的心愿
在蓝天白云下达成

把自己管理好
一路西行　要改变世界
每一天都要洗心革面
才能焕然一新
从早晨到夜晚就是人的一生
仿佛从生到死的路程一步跨过
等待大地收割人类
收割一代接着一代的腐朽

疫情来得突然
阻止了我们的相遇
我的绝代佳人
两鬓斑白的岁月
你就是我的仇人
无法翻越的雪山啊
草地上到处都是牛羊
还有那一片又一片无需超越的沼泽

我要抛弃你了
去见我的飞天女神
在这里和那里
都很难见到你这样的女人
怀抱琵琶
脚腕上戴着串铃的舞女
让佛经响彻四方

我看到群山连绵起伏

那山就藏在浓雾的怀里
雾形成了很大的气势
只能看到半山腰
连山腰也是模模糊糊地锁在云雾之中
雾有时像一堵墙把天空遮挡
而雾在慢慢地移动千变万化
当你深入到云的怀里时
我却看不到你也抓不到你了

一条河总是伴随我们
它就是渭河吗
姜太公在这里钓鱼
周文王啊周文王
您慧眼识人礼贤下士
你被囚禁在羑里七年
发明了周易演练出六十四卦象
可惜了其中伟大的思想
却成了霸王们争夺天下占卜的工具

凡是美人都喜欢现实生活
懒得看男人们腥风血雨的征战
胭脂山下水粉飘然
云中衣裳蝴蝶飞舞
这么壮丽的山河
这么美妙的诗画
又有什么用呢

仿佛山峦冲出了迷雾

乌云渐渐散去
某些深深浅浅云团的缝隙中
就要透出一些阳光来
半天的努力终于没有成功
远山的轮廓清晰可见
远山的后边还有云层正在撤离

我曾经登上麦积山
在佛的脚下顶礼膜拜
我奢望骑着马踏飞燕的神马
冲上天门顿开的地方
迎接日出　迎接天上之水
流入生机蓬勃的大地

这是一个少年的声音
青春的声音
花儿与少年的声音
从山后边的山里传来
干妹子那个来呀你就那个来
为什么叫上哥哥呀么接你来
山路上那个走呀你就走起来
为什么你给哥哥呀么扭起来

夜彻底入睡
万籁俱寂
只有时间的喘息声一寸一寸地挤进来
偷偷地为旋转的世界敲响节拍
这个睡姿优美的女人

在白天为家人的生活操碎了心
谁也不要打扰她
让她跟明天的太阳一起醒来

在长城的起点
有一条讨赖河滚滚向前
这是祁连山冰川融化的雪水
像一河碧绿的翡翠
在阳光下闪闪烁烁
还有从黑山上凿取的石料
打凿成石条铺满关城的门洞
从山海关到嘉峪关我走了二十五年
“不到长城非好汉”的汉啊

七彩丹霞的奇特
千层叠加的色彩
形成五百三十六平方公里的景观
描述它的神态
是一件多么愚蠢的行为
不做任何描述才是明智的选择
雕刻在心里的才是完美的图像

这里的天气变幻莫测
一会儿阳光普照
一会儿阴云密布
久旱的丹霞在小雨中变得温顺
像一只彩绘的蝴蝶
在天地间静卧

接受游客的观赏

雨刚刚把土地淋得湿润
现在又雨过天晴
阳光照耀着这只巨大的凤凰
转瞬间又像一头梅花鹿
仿佛舞蹈着远去

谁能保证你没有想过我
我保证对你崇拜得五体投地
三十多年前我冒着婚外恋的风险
给你写过一个组诗《我梦幻着一个敦煌》
所有过往身不由己
听天由命的就是好命
今天我才来看你
没有任何目的
我就是来朝拜

一路向西的西域
大汉使节来过了
大唐高僧来过了
河西走廊啊
我来迟了　莫高窟的藏经洞
《佛经》的经　还有《诗经》
《圣经》《古兰经》

秋天是一个伤感的季节
睡眠七断八节

梦也连不成一个完整的故事
雨中的叙述声泪俱下
落叶纷纷的树上麻雀在争吵
最荒凉的还是孤独的心
眼看中秋的团圆就要来临
关外的箫声漫天飞舞
仿佛祁连山上
正在下一场不紧不慢的大雪

我是一个过客
甚至分不清一望无际的大漠
还是没边没沿的戈壁
尽管黎明的寒风横扫千里
慢慢西风掩盖不住无限的苍凉
不断深入胡杨林的内部
高架桥已经叫醒了千年的古城
培植崭新的思维

太阳已经烧红了东方
不度玉门关的春风前来报到
已经染绿了防风林带摇摆的醉意
玉米还没有搬运到家园
我不会把它当作麦子和青稞
水草和盐碱地上
那些我不知名的绿色植物
紧紧抓住大地的身体
好像一松开手就会失去母亲的呵护

月牙泉古已有之
它的四周全是沙漠
唯独只有这一汪清水形成月牙形状
让人不解的是这里全年多风沙
月牙泉又在最低处
按道理常年的风沙早就将它吞没了
奇怪的是此处的风沙偏偏是从下面往上刮
这就保证了月牙泉不被侵害
世界上竟然有如此奇迹

鸣沙山的沙鸣声只有刮风的时候才能听到
而能听到的人是极少数
我也没有这个福气
如今供游人攀登的沙山
任驼队和探险的原野汽车
载着游客远征

莫高窟七百三十多个洞窟
用在壁画上讲故事的方式
把释迦牟尼的学说
讲得一清二楚
白鸽　白象　九色鹿

怎么做一个僧人
佛祖已经为我们计划好了
根据前世今生的表现决定未来的结局
来世的福报一目了然　这就是佛教
听不听做不做都是你的事

人家把话都说到前头了

从音乐的思维
把佛的想法和境界都表现出来了
应该是一种
更高级的表现形式
佛教音乐是佛教的灵魂
要不为什么有观世音菩萨
我就是这么理解的
她是专门负责佛教音乐的菩萨

一条党河古道
干枯的河床寂寞无聊
而河床两岸产生的文明
正在发酵出巨大的影响力
西千佛洞就在岸边的山崖上
开凿出不少的洞窟
飞天的翅膀运来了福音
印度　阿富汗　伊朗的色彩

到了阳关就会想起这句谚语
“你走你的阳关道
我过我的独木桥”
可想而知当年的阳关道车水马龙
今天的阳关已经成为一个热门景点
也是人们饭后茶余聊天的内容
早已变成了西出阳关故人多的时代
诗人王维留下“阳关三叠”的诗词

因此也留下了传世的音乐形象

大漠深处看落日　落日辉煌
戈壁滩上望星空　星空灿烂
西部奇观啊
祁连山下
三危山上
黑山之边
棉蓬　沙打旺　茅草穗　沙柳　骆驼刺
成了这里的主人
它们用生命紧紧抓着大地
守护着这片高贵的寂寞

玉门关又是一个关
与阳关形成一南一北的险关要道
都是进出西域的关卡
尤其地理环境的恶劣
可以用王之涣的一句古诗词形容
“羌笛何须怨杨柳，春风不度玉门关”
古代西部地区与少数民族匈奴战争不断
留下很多气势恢宏的边塞诗
成为中国诗词遗产中的艺术瑰宝

魔鬼城的风声
幻化出奇奇怪怪的歌唱
有人说是鬼哭狼嚎
大漠的风沙啊
千万年来塑造出来的杰作

被喻为狮子　孔雀　西海舰队的造型
冲出层层重围进入新世纪
在这里我看到了悲壮的落日
我却无法形容它的悲壮
无非是生与死的开始与结束

每一个行走在河西走廊的人
对它的历史文化和地貌奇观赞不绝口
其实历史背后的所有故事
只不过是一个个带血的史实铸就的传奇
边塞诗的壮丽与情怀
每一首都有悲伤和痛苦的源头
让我们再一次对战争厌恶
加深对和平的渴望与追求
让我热泪盈眶的我的善良
追忆和哀悼每一位死者的灵魂

戈壁滩啊
寸草不生的荒原
无人保护区啊
谁也不能进去的地方
看起来它们是大地上无用的东西
一切无用的东西
正是无用护佑了我们的福祉
保卫了民族的太平
就像那些普通平凡的老百姓
他们有朴素而高贵的人格和尊严
正是有了这样广阔的土地和众多的人群

更有利于人类向健康的方向发展
我爱你 河西走廊的荒原
爱你这无用的土地

2020 年 9 月 19 日
2020 年 11 月 8 日再改

明月高挂

从冬天说起
从一场大雪说起
从一个神话说起
说白雪公主找不到回家的路了
找不到家　最好让我来收拾残局
让我捡起这个美人
送她回家回人类共同的家

又是一个春天
一夜小雨之后土地变绿了
雨水洗净了一冬的浮尘
解开了冰封的心灵
来不及细看从土里拱出像针尖般的小草
麦苗就起身了站直了
绿色铺上了蓝天

你的手在我的手中　是的
一见到你我就放心了　我在寻找
一把打开奥秘的钥匙
如果在喜马拉雅如果在刀山上
如果在火海里如果在天尽头如果在地狱
我也会毫不犹豫地过关斩将

我看到大山在起伏波浪在汹涌
火焰在燃烧大树在摇摆
那都是因为你从生命内部掀起的海啸
就像你刚刚洗浴的长发
柔软地展开轻盈地吹拂优美地歌唱

我是上帝派来的使者
我要在你的家门前下马
拉着我的小提琴让你走出来
走出来一个把黑夜照亮的美人
一个值得让我献身的美人

你就散发着淡淡的清香吧
你就让我神魂颠倒吧
你就让我陶醉你就让我疯狂
我愿意永远是醉汉
我怕酒醒之后满地花魂离我而去

相约的日子就要临近
我的心开始狂吼　我不懂得
应不应该从我的口中说出爱情

我不懂得我的手是否牵着你的手
我不懂得我的唇是否吻着你的唇

我从来没有这样心神不定
从来没有这样没有主意　在你面前
像三岁的顽童　一点儿判断能力都没有
失去了理智　失去了尊严　失去了灵魂

我想把一束玫瑰献给你
我想把一架钢琴献给你
我想把一片海水献给你
我想把整个世界的幸福承包下来
我想把所有的快乐献给你

我正站在阳光之下
你的温暖已划过天空
降临至我的床头　你已经开始
为我思想　为我的存在而感到骄傲
你找到了你微笑的对象和目标

有了你我不再去流浪
我守着你就像守着一弯明月
我空空荡荡的手不再闲着
我空空荡荡的床不再空着
我要让两床被子两个枕头拜天地入洞房

你会游泳吗　我买好的泳衣
已经忘记了水　忘记了自己是水中的鱼

你会跳舞吗　我买好的红舞鞋
已经忘记了舞台　忘记了自己是美丽的天鹅
你会歌唱吗　我买好的钢琴
已经忘记了声音　忘记了自己是人类的王子

等我来约定一个好日子
等我来在蓝天上行走　月亮上睡觉
等我来把所有的心思告诉你
哦　你是不是一直在等我
等我来拥抱你　等我来娶你

我现在才明白　我为什么流泪
为谁流泪　就是因为你啊
见到你流的是幸福的泪
见不到你流的是思念的泪
只要是关于你的眼泪都是快乐的眼泪

我想给你打电话　可是强忍着
多少年的孤独告诉我忍着
一直忍下去　不要放弃孤独的权利
她们听不懂我的话跟不上我梦幻的节奏
唯有你　懂得我心灵的思维
哦　真正的爱情是一门尖端的科学

见你之前我总是考虑再三
因为我进入中年　开始接近苍老
而你年轻貌美　气度不凡
束缚的力量比我更智慧　传统的束缚大于天才

而爱情是无法无天的东西　是老子天下第一的东西

你给了我很多遐想
在你面前我的风采一败涂地
我注定是你一生的俘虏
我投降　高高举起双手
接受永恒的囚禁　为我爱的人低头
只要是为了爱情　死亡也是自由的硕果

自从有了你
我把我的天性彻底解放
我的生存已经与我无关
灵魂已飞走　躯体已融化
它早已成为你的囊中之物

绝对不是灿烂的牡丹
绝对不是鸡冠花　绝对不是盛开的百合
也不是一树洁白的樱花　更不是落满心头的秋菊
我已经开始攀援　洁白如玉的美人
是一座高傲而奇丽的雪峰

所有的美在我的眼中
都是唯一　各民族的美人
汇聚在一起　才是整个世界的美
我绝不拖拖拉拉绝不怠慢
我从不等待　永远主动是我对美最崇高的膜拜

我生怕遗漏了歌唱美的机会

在歌唱中带来的痛苦和忧伤也是美丽
我已经读懂了你的崇高
我看到天鹅的翅膀已经展开
我看到生命的火正在被点燃
在无边的大地上疯狂地燃烧

如果平静的水面
没有太阳照亮　如果寂静的黑夜
没有月光抚摸　如果美丽的姑娘
没有人发现　没有人赞美
这个世界仿佛就失去了最基本的意义

在我的旋律里在我的节奏里永远有你的声音
在我的血管里在我的思想里永远有你的舞蹈
你既能放大又能变小的眼睛
你变化莫测的情感和形体
就是我卑微的生命中无边的海洋

你宁静我就会跟你一起宁静
你波动我就会跟你一起波动
我是你就要跌倒却被扶起来的那双手
我是你就要瞌睡递过来的那个枕头

真正勇敢的爱情没有什么是可以遮掩的
放下肩上的重压轻轻松松地承受
快乐就好　我要把以后的日子仔细盘点
为你而飞远离故乡的天空和大地
春天是流浪人的节日　天下是流浪人的天下

当爱上一个人
你的胆子就会变得大起来
仿佛这世界就是你的
你开始庆祝一切　眼睛里燃烧的都是爱
每一次呼吸都充满了喜悦
每一天　每一分钟　每一秒钟都包含着极大的情趣

创造了一个充满爱的世界
一个本来不存在的世界
一个完全由我臆造的世界
一个奇迹　一个永远长不大　也成熟不了的男人
一个在女人面前从不胆怯的男人

难道你一定让我像凡·高一样
把美丽的耳朵献给你吗
难道你觉得　我心中的波涛还不够壮阔吗
哦　天要塌下来了
只听得一声巨响

好妹妹　你用什么来降伏我
千万不要爱上了还假装没有爱
错过了青春期还能补救
错过了爱情就是犯下了大罪

好妹妹　你要主动出击
不能老待在家里　为了我而生闷气
修行为了什么　不如你就出家吧

你为我剃度　到我的寺庙里来打坐　辟谷

我就是要爱你　看你能把我折磨多久
我就要用所有的生命爱你
等海水冲垮大堤的时候　我要看你崩溃的样子
怎样被海水洗礼得纯洁无瑕

我要是假装从来就没有把你放在眼里
看你这个任性无理的女孩怎么办
你不是说你没有爱过男人吗
我就是要看看你　怎样爱我　怎样寝食不安

怎样日思夜想地放不下一个人
把一个人装在心里永远珍藏
把一个人翻来覆去地阅读
成为你生命中的生命

我就是要看你怎样把自己打扮得白白净净
在一扇温柔的大门里等我　我就是要看你的小手
怎样一遍又一遍地抚摸掌中之物
然后独享其中的秘密　然后锦上添花　然后腾云驾雾

我就是要看着你小小的身子
在这个城市的中心来来去去
寻找你唯一的归宿　我就是要爱你
爱你一头秀发　柔顺而飘逸　爱你聪明漂亮的额头
怎样不由自主地敲响我的生命

我就是要爱你
像你的影子一样跟随着你
我是照耀你的阳光　有月亮的地方就有我
我是睡在你身体里的脉搏
我是流淌在你生命里的鱼群

我是你子宫里的胎儿
你供给我每天的营养　爱你就像爱母亲一样
我就是要爱你　爱你就像爱土地一样
爱你和追求真理一样迷人

你每天都在露天舞台上走过
舞动的长发在风中飘扬
你苗条的身子支撑着你饱满的呼吸与起伏的前胸
你走在曲折的小巷里寻找你的家
我担心暗夜会吞食了你的纯贞

我千百次为你的平安祈祷
为你的快乐许下重愿　为你的前程和光明祝福
我只要离开你一秒钟就后悔了
后悔失去了每一秒钟的幸福　连我也不知道
我为什么这样爱你　爱一个人不是一件简单的事情
爱就是为另一个人担心和永久地牵挂

2004 年冬至 2005 年春

玉

玉没有眼泪
玉有纯粹的品行
玉有圆润光滑的外形　玉没有仇恨
玉没有死亡　玉在自己梦幻的大海里浸泡千年

和玉站在一起
走向高高的山岗　头顶蓝天　脚踩白云
透过戈壁滩粗糙的脸庞和皮肤
走进光洁的灵魂　或者深入阴冷的地狱

时间的刀逼出玉的光芒
渗出玉的油脂　流出玉的鲜血
时间的刀与死亡同在　做出唯一的选择
让含冤冒险的一生　放弃捍卫生命的尊严

如果心里没有玉
玉就是在你的手上你也认不得

如果心里没有玉
玉就是一座大山在你眼前你也找不到
如果心里没有玉
玉日日夜夜守在你的身边你也看不见

在玉的面前我不想是一个懦夫
英雄梦做了又做也无法实现
用足够的耐心和残酷的现状对抗
和玉一同葬身于现实的悲歌之中又何妨

玉远离了这个吵闹的都市
玉在玉的故乡生儿育女
玉等待了一生　等来的是被忽视和抛弃
没有谁能想起它　它在大山里保持着高贵的品质

玉的呐喊是无声的
玉以她娇美的身体与这个时代
一同殉葬　他的主人曾经显赫
如今灰飞烟灭　而她的呼吸
透过大地的土层风采依旧

玉没有死亡　玉只有活着
玉的形式与内容不可分割
玉不管是在穷人手上　还是在富人的颈项
玉就是玉　宁肯玉碎不可瓦全的玉

玉在我胸前　与我的身体共同生活
在心的右边在肺的左边

就像一条小鱼　在我生命的水里游来游去
我眼睛里的水　承载着我和玉的命运

在繁华与喧嚣的闹市
我只能带着你独自离开
我们到孤独的心灵中去
那里是安静的无欲的休闲的
那里的一切等待着我们
我们可以在那里安顿下来　过自己的日子
发表自己的意见　说给自己倾听

玉终于成了我的倾诉对象
玉是我的同路人　我可以与玉一同爬上高处
被寒风与冰雪覆盖　从此不再发光
玉碎了还是玉　玉打进十八层地狱还是玉

玉就站在那里　玉不说话
就表明了她自己的态度
玉的眼睛擦亮了时间的水　玉不穿衣服
玉的裸体温暖了不断变化的人情世故

玉的心是柔软的
你柔软她比你更柔软
玉的心是坚硬的
你坚硬她比你更坚硬

上好的玉难求　上好的玉从不抛头露面
玉的灵魂在玉里　没有人能看见

我们看到的只是玉的表面
而我不要玉　我要的是玉心气高远的灵魂

感谢那些采玉的人
不管他们抱有何种险恶的目的
都要经受千辛万苦才能获取
玉不管落入谁的手中　玉的本质不会改变

玉散发着她应有的光芒
不管有人要怎样不怀好意
玉仍然是一如既往地清白而亮丽
玉永远保持她最优雅的姿态

玉的光辉照耀着我们
都会温暖着存玉人的心
玉的心中永远珍藏着善良
玉身怀绝技但从不轻易泄露
常常是不费一枪一弹　就能立于不败之地

玉落入歹人手中也是玉
玉的品质使玉有了美好的声誉
玉改变着我们的生活　玉使我们的眼睛一亮
玉是制造梦幻的珍宝
玉使那些心术不正的人身败名裂

每一块玉都有一个美好的传说
玉面对一生的苦难毫无怨言
她总是在微笑　有时候沉默不语

玉是一个永远给别人带来快乐的美人

假如玉是一个女人
我喜欢她柔韧的锁骨而不喜欢丰臀
性感的锁骨超越想象　如果我喜欢玉
就一定喜欢她冰清而质坚的样子

玉是玉　人是人　玉和人没有必然的关系
玉埋在地下还是玉　玉死了还是玉
玉是经过几十万年修炼的一块块石头
石头成精了啊　沉睡了多少个世纪
终于有了出头之日

玉从大山里走出来　放在一个精美的玻璃框内
等待认领的主人　等待买主　等待喜剧和悲剧的产生
玉在等待一个男人或者一个女人的呼唤
玉低头不语　玉的尖叫我们无法听到
我们听到的是　玉在沉睡之前焦急的冷漠

玉在成为玉带之前　玉在成为玉珠之前
玉在成为玉器之前　玉在成为一切佩戴物和摆设之前
她只是一块上好的材料　她想要成为什么之前
都由不得她自己　她一生都在期盼

她在雕刻家的手中　她在玩玉人的手中
她成了另一种存在的意义　玉离开了她自己
她再也回不到她和田的故乡了
她把天山的雪揣在怀里　跑遍了世界各地

她把红樱桃放在嘴里
她把要说的话咽进肚子里
玉在旅途中　玉在深渊里挣扎
玉有牢狱之灾　玉在笑　玉在哭　玉在喊
玉是一口埋葬罪恶的棺材

玉离开她的大山就像死了一样
玉死于非命　玉好像没有死
玉其实死了　玉好像死了
其实又没有死　玉的死活并不重要
最重要的是玉既没有活着又没有死去

如果你落入虎口我怎么来营救
如果被淹没在尘土飞扬的乱世
如果被抛弃在道德沦丧的时代
如果在世风日下的野花巷柳
我怎么才能赎回你洁白而纯粹的贞操

战火中的玉　风尘中的玉
流落在异国他乡的玉
跟丝绸联系在一起的玉
与青瓷和梅花联结在一起的玉
是值得我为之而奔波一生的玉

永远年轻貌美的玉
宁愿死亡也不愿苍老的玉
是用什么方法呵护着你不老的青春年华

是什么使所有的目光　在你的梦里永远停留

我的经历和我的生活背景表明我没有玩玉的条件
玉离我十分遥远　并不具备识玉和拥有玉的能力
玉几乎在我的生命里是一个传说　我是上帝
怀中的穷孩子　据说玉通人性　这使我大吃一惊

多少年以前天空中出现了一道彩虹
一道闪电和一声雷鸣直抵大地
倾盆大雨啊　怀孕的妇人在梦中惊醒
玉穿过黑夜的长空　通过母亲的身体来到人间

玉不在江湖　也不在官场　在自己的血液里流淌
避免成为上流社会附庸风雅的赠品或任意摆动的棋子
避免成为拥有者用来表示　高贵和富有的饰物
我悄无声息　我知道　世界上最伟大的战争
就是不动一枪一弹　不攻自破　不战而胜

玉是一片安静的湖水　是地球之父的掌上明珠
有玉在身旁　洁身自好就有了保证
有玉在心里　冰雪般洁白的人生就会成为可能
我就是玉　玉是一块质地很好的石头

2006年12月草于西安
2008年1月28日改定于西安

秦腔演员白雪

一

整个这条街上
就数白雪干净
县上和省城也数白雪最好看
我一辈子只喜欢她
白雪在天上我在地下
我想让天塌下来
我们就在一起了
白雪在墙里我在墙外
我盼着墙倒了
就能见着白雪
这座山好美啊
我想爬上去看一眼
看一眼就是死了也愿意
有一天梦里爬上去了

爬上去才知道
还有另一座山等着我
我们隔着一条大河
我也敢蹚过去看她
哪怕是一片火海
也不怕烧成一堆灰烬
我喜欢她　我也是有罪的
可是实在没有办法改变
她不管是谁的女人都是我的女人
她不管睡在哪里都是睡在我这里
她不管怀了谁的孩子都是怀了我的孩子

二

秦腔《白玉楼挂画》是白雪演的
我还没有看过她的演出
自然没有听过她的唱腔
白雪说话好听开口唱也好听
我没有见过一个像白雪那样
走路走得这么好看的女人
白雪就是水里游的鱼
游着游着就朝着我游过来了
天上飘着的云　白雪就像一朵会走路的花
一边走着一边开着
我的罪
是白雪的眼泪洗干净的
爱情有时候密不透风
鸟也飞不过去

三

白雪走路端正
目不斜视　不会拿眼睛看男人
男人看到她晚上会失眠
她习惯把自己整理得干干净净
演员是表演艺术家
而白雪不用表演就能打动人的心
白雪是优秀的秦腔演员
她还会吹箫　白雪心事重重
注定是一个有故事的人
她有她的生活
我不在意这些流言蜚语
我是一个只管爱的人
我爱我的
仿佛与她也没有什么关系
我想见她　见了又躲得远远的
她也总是低着头走路
她是不是怕男人看见她的脸
醉得东倒西歪走不了路

四

爱情
是世上的稀罕之物
太在乎钱的人得不到
有权势的人也无法获得

他们以为拿钱能买到一个人的心
拿权就能占有一个人的身体
其实不然
能拿钱和权摆平的情感都不是真爱
一切有预谋的事物
都失去了它本来的意义
被利益蒙蔽住的眼睛
得不到女人的真心
我一见她就心花怒放
我相信爱比的是真诚和耐心
拿上性命才能爱得长久
每天都要为你的爱人祈祷

五

白雪是个美人
美人不是只有漂亮的外貌
美人永远有少女情怀
阳光灿烂的白雪
是一条性感的河流
她为自己的坦诚和善良而自豪
我知道爱多了梦就多
梦里的世界虽然美好
终究要回到残酷的现实
想得太多心就乱了
乱就乱了吧　人生最大的幸福
就是一见钟情

六

我明明白白
见了白雪　心就动了
心动了人就收不回来了
像着了魔似的
她在前边走
我就跟在她的后边
悄悄地　不能让她发现
她走到哪里我就跟到哪里
虽然我怕伤害到她
最后还是伤害到她了
我的心就会更痛
她流泪　我在流血
我知道
我会因此而毁掉自己
可是我不在乎毁掉
我就是为了毁掉

七

你很特别
跟一般的女孩子不一样
一块纯洁的玉　还来不及雕琢
当然
越好越容易受到伤害
他们说你是红颜薄命
那些得不到你的人嫉恨你

于是谣言满天飞
得到你的人也不知道珍惜
反而猜疑　侮辱　甚至虐待
即使你老了　在我看来
依然是一朵动人的鲜花
风刀霜雪的脸上写满岁月的优美
那些时间的皱纹
是一幅惊心动魄的艺术品
我在心灵的展室里仔细阅读

八

在空旷的山野呼唤你
你的名字就在山谷里回荡
久久不能离去
长一声　短一声　高一声　低一声
变换着不同的节奏
有时放声大笑
有时热泪盈眶
神气的女人有光泽的女人
能照亮乡村就能照亮县城照亮省城
照亮全中国和全世界也不成问题
我就是这么想的
一个性感的女人
不是表现出来的也不是装出来的
性感归根结底是思想的自由灵魂的高贵
生命价值的自然流露啊
谁也挡不住你的出类拔萃

九

一个小说里的人物
不能指望她会有什么承诺
更不可能传宗接代
可是她是活的
活在文字的身体里
左右着我们的情感世界
若是忘不了
若是离不开
也许她会成为暗恋的对象
甚至比真的还要让人牵挂
那一声长长的拖腔
勾住了魂魄　刻在了心上
一个完整的人生
往往是以悲剧的结果收场

十

我就是见不得
你被别人欺负
只要看到你被别人欺负
我的心就疼得厉害
我就想问佛
善良是有罪的吗
佛说善良当然有罪
我说善良的罪在哪里

佛说善良对邪恶的忍让
使邪恶更邪恶了
越是善良　善良的罪就越大
所以恶人最终都毁在善良的手中了
白雪啊
我不喜欢称呼你菩萨
更喜欢叫你爱人
或者叫自由女神

十一

相由心生啊
你总是那么优雅大方
给人以温暖舒适
不提防任何人
心是一个房子
只装着你爱的人
子宫是华丽的宫殿
孕育你和爱人的结晶
谁也经不住你的诱惑
在这个问题上几乎人人弱智
对美好的事物没有任何抵抗力
任凭想象力自由飞翔
爱是追求真理的主要因素
在整个生命过程中起到决定性作用
重要的人都在偶然中相遇
忘也忘不了赶也赶不走

十二

晚上
我梦见今天凌晨五点
白雪做完核酸
一个人去了环城公园练嗓子
我在想
她应该调到省秦腔剧院了
不然怎么会在这里碰到
白雪不是很白
而是脸色红润　面若桃花
她加入了省诗词家协会
今晚剧院有演出
我一定买一张前排的票
去看白雪的演出
占有你的全部头脑
在精神上陪伴一生的完美

2022 年 7 月 30 日

燃烧的冰天雪地

一

随着热瓦甫和冬不拉弹奏的声音
我找到了一个热烈而迷人的世界
自由　明亮　欢快的旋律呀
我是在你怀中享受到快乐和奔跑的诗人
我看到泉水和大河凝固的形态神奇而壮观
我看到燃烧的冰天雪地高贵而圣洁

我不是游客　我不是投资商
我不选择绿树成荫的盛秋
我不是盗马贼　我不是寻宝的探子
我不是情场上的猎手　我选择
零下三十摄氏度的低温来医治疾病
清算我渐渐麻木的神经和意志

我必须一路小跑才能抵御寒冷
我知道　用最快的速度
才能穿越冰层和雪峰上升起的火焰
传递生命中的爱情和友谊
狂奔中才能完成所有的旅途
我从你的眼睛里看到了草原　看到了天空

我要一直跑下去
直到大地的深处涌出泉水
直到各民族的兄弟姐妹喜笑颜开
接受我的祝福与赞美　我要歌唱你们
用低沉的嗓音朗读《木卡姆》伟大的诗句

大雁已排成了长队
翅膀已扇起了飓风
大河已敞开了胸怀
波涛已跳起了舞蹈
无数个春夏秋冬手拉手
所有的民族兄弟拥抱在一起心连心

看到了天山就看到了你　母亲的玉体啊
四季不化的眼泪　你长年守望着
连绵不断的山脉　守望着天空的蓝色
蓝天上搏击的雄鹰啊
你们是长途跋涉的勇士

我一直在寻找你啊
你高耸的雪峰就是我仰望已久的骄傲

你无边的草原就是哺育我成长的牧场
哪里有敲响的手鼓　哪里就有我的母亲
哪里有锻打的腰刀　哪里就是我的故乡

我是卷土重来的游牧人
我的善良是一把锋利的佩刀
它是伴随我征战的爱妻和热恋我的姑娘
我把它放在枕边　天天爱抚
只要我和她在一起就会成为英雄
成为马背上的诗人和舞者

哦　我维吾尔族的兄弟姐妹
柯尔克孜族　哈萨克族　蒙古族的兄弟姐妹
回族　锡伯族　塔吉克族　塔塔尔族
以及汉族的兄弟姐妹　在圣洁的土地上
共同建造一个美好的家园　一个天堂

二

你忧郁的眼睛像花一样盛开
我的心就会被你的美丽粉碎
粉碎一万次也是快乐啊
我各民族的兄弟姐妹们
有你们大地才会生育　冰河才会消融

见到你　我就忘掉了天堂
丢失了自己　变成了傻瓜
我的古丽妹妹　你是我见到的

世界上最漂亮的妹妹
只要想起白天鹅　想起活蹦乱跳的羊群
我的心里就会刮起幸福的风暴

你像雪花一样落在我的头顶
我愿是天山　永远托起你纯洁的灵魂
是不是哈密瓜甜　是不是小辫子长
是不是葡萄闪亮　是不是因为有了你
一个漂亮姑娘　世界就改变了模样

我是草原上的牧羊人
是戈壁滩的一阵风把你刮到我身旁
是一匹黑骏马把你驮到我的毡房
你是维吾尔族的好姑娘　古丽啊古丽
你是我失散多年的妹妹　有一副好心肠

我要告诉你　我为什么去流浪
为什么见到你就会忧伤
为什么一只狼见到你就变成了羊
为什么月光泪眼汪汪
为什么太阳暗淡无光

河水停止了流淌
日月忘记了旋转　我的古丽妹妹
你在和田还是在喀什　在南疆还是在北疆
让我拥抱一下　再拥抱一下的妹妹
我要把月亮摘下来送给你
送给你当镜子　我愿把你高高举起

我是一匹狂奔的野马啊
我要用满树的梨花迎接你
我要把我的羊群赶进你的羊群
我要把你的快乐变成我的快乐
我要把你的生命变成我的生命

请用天山上洁白的雪洗涤我郁闷的身体
请用宰杀牛羊的刀割去我灵魂的伤痛
请用暴风雨般的微笑鞭打我
请用小草般柔软的手抚摸我
整个天空就会在草尖上降落　展开　弥漫

你是我冬天里的春天　即使寒冷得要命
我也会等待　说好不恋爱　不动心
说好不亲吻　说好不拥抱　又有什么用呢
高山和大海也阻挡不了爱情的方向
请把你的雪莲开出来　芳香散出来

我是横穿了无边的大沙漠来找你的
我是在娘胎里徘徊了一百年来找你的
我是在雪地上站立了一千年来找你的
我是被遗弃了一万个世纪来找你的
哦　新疆　找到了你就找到了我的故乡

三

我不知道今夜将去何方

在谁的怀抱接受痛苦的洗礼
我不知道高贵的灵魂沐浴谁
接受哪一座大山的邀请
在哪一尊佛像前守定　或者闭目修行

我想用良药医治忧伤
结果小忧伤变成了大忧伤
我想用你的眼睛点亮我的眼睛
结果燃烧的热情把我烧成了灰烬
姑娘啊　你一定会长成善良慈祥的母亲

让阿凡提去征服世界
让粗犷而热情的歌声去征服世界
让倾城倾国的古丽去征服世界
让蓝眼睛盛满无边的海水
盛满爱情　盛满妩媚动人的火苗

谁生育了美人　谁生育了英雄
大地母亲啊　你装满思想的船队
正在靠近一个伟大的诗人
一定要把你的女儿嫁给他
他空荡荡的码头　等待你们的到来

过了嘉峪关　过了腰泉子
在滚滚而来的夜幕里
请让我说出心里话　母亲啊
当我用心赞美一个女人的时候
就拿出了我所有的生命

你要去一个叫奎屯的地方
千万不要抱怨瞬间的友情太短
看到你遍地开放的玫瑰　我不再坚强
即使是一个守城的将军　顷刻间
也会变成摧毁城堡的叛徒

我是把痛苦埋在心底的男人
我是把灾难背在肩上的男人
我是每时每刻都在放弃和承担的男人
我崇拜音乐　崇拜美人　崇拜真理
我崇拜花一样灿烂的维吾尔族地毯

戈壁迎接我　雪域迎接我
各民族的英雄好汉迎接我
我来到你们的真诚与勇敢之中
看到了智慧的光芒如闪烁的星辰
我的心和眼睛跑到了你们的心和眼睛里去了

我们需要足够的热量强壮身体
把骆驼奶喝进肚子里
我们手抓羊肉　我们狂欢
我们把快乐传递给对方
我们放纵是因为明天要从容面对新的创造
恨不得把世界上的美酒一夜喝光

优美的音乐灌醉了每一个细胞
从此　生命不再苍白　不在无奈中等待

摇摇摆摆好舒服　扭来扭去好快乐
这个世界太美妙了　浮现出无形的样貌
打碎爱情的疆界　迎娶天山上的雪莲

一定要保护好骑马的双腿
握紧手中的弓箭　射向永恒的目标
守住辽阔的草原　马群在狂奔啊
虎豹穿越森林　让我为自由的狼群鼓掌
让我为美丽而纯真的姑娘流泪

我爱所有的天空和土地
我爱各民族的兄弟姐妹
你们的信仰和崇拜就是我的信仰和崇拜
以及大地上行走的和天空中飞翔的一切
新疆啊新疆　你是我燃烧的冰天雪地

2005 年 2 月 3 日凌晨于新疆火炬大厦
2005 年 3 月 14 日改定于西安龙首村卧室

海

谁能抵御这样的诱惑
无限的胸怀之中　我们畅游
自由而快乐地展开
摆脱一切束缚

蓝色的血库
滋养地球的液体
在没有遮挡的大地上奔跑　万物在生长
跳动的心脏与优美的鸣响

敞开吧
多姿多彩的舞蹈　从来不知道疲惫
肌肤之下 不断涌动着深不可测

沉睡的同时也会爆发出魅人的激情
不同的季节说出不同的话

发出不同的声音
唤醒所有的儿女

用宽厚的手掌呵护人类
呵护摇篮中的婴儿
天国的梦幻托起每天的太阳
黑夜中拥抱天空
黑暗的天空就会明星闪烁

舞蹈的躯体上
大地的情人流淌着阳光的生命
我们的父亲　他威严的面孔
手持柔软的水　手持长鞭
手持铲除不平的刀剑

在离你越来越远的人类面前
你得使用最彻底的方法
清洗他们身上的罪孽
使那些惧怕真理欺辱善良的人
在你的呼啸中一败涂地

以纯洁和正义的名誉献身世界
不管在晴天还是阴天　不管是男人还是女人
不管是谁高兴还是不高兴
该涨潮的时候涨潮　该退潮的时候退潮

是黑夜投入了你的怀抱
还是你投入了黑夜的怀抱

天就要接近光明　大团的乌云在天边行走
导航灯闪烁着她的眼睛
仿若一个美人发出的邀请

秋天我来看你
我知道啊　你是尤物　也是天使
你要送给我一个女人　她是你最漂亮的妹妹
一个如海水般柔软并且充满希望和理想的波涛

一大群女人啊　尖叫中摆动着硕乳
人类最早的爱情　你把地球
浸泡成一颗智慧的头颅
你哺育了我们　我们是你的孩子
你让我们拥有性欲和智慧

高低不平的巨浪荡漾起永恒的欲望
生存的意义在哪里
让我疯狂到死也无法知道
就是对美的追求和对你的崇拜吗

我是用生命栽种爱情的人
我是海盗　我要把你的美丽全部盗走
用大碗喝酒　把盗来的美丽享用一空

我知道你会用什么来迎接我
我的女人为我脱下遮羞的外衣
满园春色啊　潮水汹涌的女人向我涌来
和大海一同为我献出爱情

游动的鱼群传递着春天的消息
你的身体每一秒钟都在接受鱼群的穿行
你要给我说出所有的秘密吗
我将日夜守护

放开你的坦荡
为我散发出光泽
我将顺着你的波涛前进
顺着你爽朗的笑声寻找你的泉水

无边的夜晚给了我无边的胆量
闭着眼睛　任凭那穿黑衣的魔爪
抚摸你情欲高涨的潮水铺天盖地

我相信海鬼　在你熟睡的时候想抢走你
在你无边的海水里索取更多的财宝
我不知道你更相信谁　在你的子孙和众多的男人面前
你绮丽妩媚的柔情献给谁　献给哪一位英雄

请睁开你的眼睛吧　睁开月亮开出的桃花
我不知道你熟睡中跳动的浪花是为了什么
为谁发出优美的信号　我不知道你一个晚上
变换一百二十八个睡姿是为了谁
为了谁享用自由的身体　为了谁拒绝伟大
为了谁接受平凡而简朴的生活

哦

大海在咆哮
你华丽而丰满的声音与体态
什么人间奇迹都能创造出来

如果你勾引了我又要惩罚我
如果你爱了我又要仇恨我
如果把你的秘密告诉了我又要收回
如果把心和身体交给了我又要逃走

你在等待什么
你等待什么我就等待什么
万籁俱静啊　你像一只落地的大雁
扇动着翅膀入睡　你向我们诉说什么

为什么沉默啊
你为什么沉默我就为什么沉默
你把太阳煮沸腾了　你孕育了太阳
又收留了太阳　在所有生命的开端
你每一秒钟的辉煌都是永恒的辉煌

雨后的彩虹是你头上的桂冠
你献给人类最壮观最绮丽的景色
你是地球上永远为我舞蹈的女人
你澎湃的巨浪举起千千万高扬的旗帜

你的蓝哺育出了天空的蓝
你的奶水浇灌出迷蒙的雨季
你的呼啸教会了野兽的悲号

你的宁静酝酿了深夜的宁静

我愿意变成海水与你融为一体
容纳战争　容纳被炮火穿透的大地
容纳无家可归的灵魂　我将带领他们周游世界
向所有的苦难忏悔吧　向所有的死亡哀悼

哦　我的女人啊
亮出你的全部美丽
亮出你全部的生命和爱情
我来了　我的大海

我要吮吸你装满圣水的乳汁
我们的孩子在世界上呐喊
在你的深渊里流浪　在你冲动的身体上
漂流啊漂流　就像无数支单薄的船队
在风口浪尖上跳跃　伟大的承载死而无憾

2004 年 10 月草于从普陀山去上海的轮船上
2008 年 4 月改定于西安文艺路

夏日荷花

大千世界风云变幻
谁能洞察出
一个曲高和寡的人
在茫茫人海之中
与意中人相见

向着醉生梦死的方向
努力奋斗
无数渴望一夜暴富的人
集结在广场等待检阅
招摇过市的女人花枝招展
而我从早到晚
只寻找一个梦中的姑娘

渭水岸边
月挂柳梢

头顶花冠
双目含情
朱唇红润
这就是等待我的人吗

我不知道是怎样的一朵
让我神魂颠倒的花
清水和玉盘托起的美人
你的家在水里
你的根在土里
我就不说出淤泥而不染
我就不说荷花仙子

你在池塘里
被晚风吹拂
身穿云衣
飘然欲仙
歌声传情
舞姿动人
仿若在花坛上打坐
让我一生顶礼膜拜
这是我供奉的菩萨

纯洁得像一场梦啊
这个梦并不遥远
我喜欢
时常在我左右的那个人
一阵是凉爽的风

一阵是温暖的风
她是坐在我心上的巢穴

是我的哭声惊醒了你的花瓣
是泪水打湿了你的花蕊
月光亲吻了你
阳光拥抱了你
我每天来看你
忧伤等待着忧伤
快乐等待着快乐

滚滚而来的春天
已经弥漫开了
孕育着一场热恋的风暴
为了你世事突变
黄昏多愁善感
满地翻飞的相思
和夜晚啼哭的月亮
得到了补偿
今夜风平浪静

那么你是什么
你是美丽的姑娘
美丽是什么
美丽什么也不是
美丽是无言的
她来到人间
就是为了与我相会

慷慨大方
绽放出自己
给自己绽放

人生要慢慢体味
散发芳香的意义
照亮大地的光芒
往往要用自己的太阳
怀抱另一束受伤的花环
你要站出来
高高捧起手中的莲花
是蓝天上安祥的佛光

白云展开想象的翅膀
佛在舞蹈
芸芸众生在雨露下
润物细无声
和我们的欢呼声连成一片
群芳争艳
千姿百态
招蜂引蝶

在我的想象里
你是那样的出色
一举手一投足
这些肺腑之言
仿佛声情并茂的歌唱
缠绵成丝丝入扣的小说

每一个情节
都有激动人心的描写
你的馨香早已植入我的血液

情人眼里出西施
说你是李清照转世
说你与貂蝉一样美貌
这一点儿都不过头
你是那样的鲜活
你的善良赛过一切妖娆
你的智慧比强者胜出百倍

我从不怀疑
优雅高贵的境界
在阳光洒满或雨露滋润的大地上
青春年华的诱惑
少男少女啊
没有一朵鲜花会永不凋谢
漫长的人生路上
谁来陪伴你

让我走进你的花园
也许那是一座
年久失修的书院
不清除杂草
不掩埋落叶
香花是我的
毒草也是我的

这里就是我的冤家我的魂

我们在无限的空间里幽会
我们和所有的夫妻一样同床共枕
早已经相处成亲情
也像邻居和朋友
抬头不见低头见
相互问好
祝福
一天不见就会彼此怀想
见了又会归于平淡

我的荷花仙子在盛开
每天的奔波
就像在大地上舞蹈
在夜深人静之时
我翻阅每一片花瓣
每一片花瓣上
都留下我的指纹
留下我的唇印
谁能与你相提并论啊
我的爱人

2010 年夏天于西安

第二辑

高原幻象

黄土高原

一

亲爱的
明天早上我等你
我们一起吃早餐
吃大山背后升起的太阳
喝黄河水的波涛
听鲜花绽放的声音
亲爱的黄土高原
把秘密收藏在心里
可以随时拿出来阅读
接受我的玫瑰吧
拉着你的手走入洞房　将你揽入怀中
在张贴着窗花的窑洞里
解开君子兰的上衣
脱下水仙花的裙子

细数散发着芳香的花蕊
把它捧在手中
用清水浸泡
用心亲吻
亲爱的
凡是有黄土的地方都有你的足迹
珍宝遍及山川河流
爱着你的所有
不放过任何一个细节
甚至公鸡打鸣也会撕碎我的灵魂
我用我的小提琴弓子
在你那温柔以及富有弹性的
被犁铧翻开的毛茸茸的大地上演奏
亲爱的黄土高原
我是土生土长的农夫
种庄稼一把好手
我会让你体验到绝对的欢喜
以及生育的美好
喊爬山调　吼信天游
亲爱的　我是民间艺人
只有献给你一首诗的本领
祝愿你心花怒放
你忠厚善良的好心肠里每时每刻都装着我
并且感受到我的思念与幻想
亲爱的　你曾说过
别让我等到花儿也谢了
亲爱的　你让我无法呼吸
世界这么大　只有你能给我灵感

是你的壮丽唤醒了我沉睡的欲望
我是一直为你而活着的人
我是在你的相思中一次又一次复活的人
真正的死去活来来自简单的重复
以及对你加以美化的分享
谢谢你伟大而性感的版图上
广阔无垠的富足与平凡
培育出众多的优秀儿女
一个劳动者
进入深度耕种期
起早贪黑地拥抱着你
亲吻着你
为你无与伦比的沉默
付出一生的辛苦
亲爱的黄土高原啊
黄——土——高——原

二

我们几年没有相见了
有一句老话叫
久别胜新婚
亲爱的
你一定要考虑
找一个见面的机会
雇一班吹手
喝一次醉酒
哪怕耍一回酒疯

出一回丑
此生也不会遗憾了
亲爱的黄土高原
如果你是一个女人
你抱怨我　你打我骂我
我会用我的厚嘴唇封住你的双唇
如果你是一个男人
我会用我的双臂拥抱住你
让你动弹不得
甚至喘不上气来
亲爱的
我的呼唤你听不见
不等于我没有呼唤
我的爱没有回应
不等于我没有爱
我刚刚对着北方
喊了一百遍你的名字
亲爱的黄土高原啊
你就是我的宗教
寂寞的时候
我自己睡了自己
狂想的夜晚我自己熄灭了自己
哦
我一直是响当当的男人
像一匹北方的狼朝天号叫
呼唤你向我敞开的山川
亲爱的
在我离开的日子里

你要替我守护好森林
把你的山山峁峁
和花花草草保管好
不能让任何人打动
在我还没有出生之前
我们就注定要相遇
相约在大山的深处
慢慢地享用孤独
理智地谋划未来
细水长流地生活
命运是一个人和一群人之间的战争
甜蜜不仅仅是另一种意义的结合
亲爱的黄土高原
给你一群英俊潇洒的庄稼汉
耕你的地
他们早已把你当主人
我是你永远的仆人
答应我
哄哄我也可以啊
让我留在你的身边
为你效犬马之劳
我亲爱的黄土高原啊

三

在我看来你完美无缺
即使是沙尘暴
也像美人在生气和撒娇

留下美好的记忆
亲爱的
尽管美不是唯一
可是离开美大家谁也活不下去
离别是一件多么不容易的事情
我的生命和诗歌都与你有关
亲爱的黄土高原
谁都会路过这里
所有路过的人
都会朝里边看上一眼
他们在看什么
看一个叫貂蝉的女子
没有她大家的快乐就会丢失
痛苦就会来临
一切皆由此引起和决定
亲爱的 假如你是波浪起伏的大海
也不一定会理解
有人对你不够尊敬
辱骂你妖娆的身体
我虽然不是吕布
也不是成吉思汗的后裔
无法改变风马牛不相及的局面
亲爱的黄土高原
我说过发现美是有罪的
爱一个人也是有罪的
我常常出现与你同在的幻象
这方面人类不如禽兽
更不能与大自然相比

在天地合一的过程中
阴柔与阳刚遍布世界
它们的身体不会欺骗自己
什么也别说了
亲爱的　我只对你一个人说忠诚
因为你的想象力超越常人
你的气息在我的身体里　我已经领受过了
一个女人要经受一波三折的磨难
这是避免不了的
否则也不会迅速成熟
感同身受才能体会万物的灵魂
就像现在我们远隔千山万水
依然能够感受到你的呼吸
语言很重要
声音会把风情万种显现出来
快乐是生命中最重要的收获
亲爱的黄土高原
是不是除了我没有人会宠爱你
赞美瓜熟蒂落的桃子
亲爱的
所有的美人胎
里里外外都会让人兴奋不已
你要记住
我所有的诗歌作品都是为你而作
亲爱的黄土高原　这不是一个玩笑
我是你的儿子
我是高原上第一个详细描述你生命痕迹
将你的奇思妙想呈现给世界的诗人

四

你是世界的中心
是那个仰望星空的人
放下了自己的生命
放下了闪闪发亮的刀
亲爱的　六十年一个甲子
一年四季的风从耳边呼啸而过
雪域上没有夜晚
谁也不是时间的对手
亲爱的黄土高原
我不想伤害谁
也伤害不了任何人
可是恩人转夫妻
仇人转兄弟
我不知道远方有多远
你看你的脚掌就清楚了
你是我的心肝宝贝
黄土高原啊
你所做的一切都是对的
没有什么遗憾了
每一座山都是你的孩子
当你百年以后
他们依然奔跑在荒凉的人世
亲爱的黄土高原
无论缘深缘浅缘长缘短都是缘
你是一个豁达的人

皮实的人　鞭打你的老天爷
牵着你牛群一样的脊梁
你太干净了
可是你处在一个
肮脏得不能再肮脏的时代
人类要完蛋了吗
女人不想着男人只为享受
男人不想着女人只顾赚钱
忘记了应该去约会
很多人不会说真话了
说一句真话
好像能要了他们的命
说假话张口就来
亲爱的黄土高原
他们把所有的承诺抛在脑后
把真理踩在脚下
月圆的时候忘记了月缺
亲爱的　我把你当女人
你有坦荡的胸怀
有丰满的乳房
那就是我的黄土高原
我永远等待
你穿越时空的翅膀
你妩媚动人的沙漠
主人啊
我把你永不降落的太阳
高高举起

五

亲爱的
火光已经出现
那不是一般的起点
手持火把的夜晚
在高原上行走
那是抛弃了大道
在羊肠小道上攀爬
亲历了你的身体从黑暗到光明
永远鲜艳夺目的风采
这就是我们无法退出和忘记的高原
亲爱的　谁诞生了死亡
死亡光芒四射
照耀在世界的每一个地方
这就是照耀
让恐怖撤离到阳光照耀的地方
亲爱的黄土高原
金子一样的身体变化莫测
色彩单调而对比明显的高原
每一个女人都光鲜亮丽的高原
诱惑着每一个男子汉的高原
神奇而悬疑的高原
通灵的高原
神仙鬼怪和人混在一起的高原
从出发到凯旋的高原
大摆队的高原
跳粉墙的高原

害娃娃的高原
走西口的高原
得胜回营的高原
小寡妇上坟的高原
两只手都握着你的高原
用臂膀紧紧抱着你的高原
用生命热爱着你的高原
交响乐的高原
诗歌的高原
油画的高原
英雄的高原
揭竿而起的高原
既谦虚谨慎又骄傲自大的高原
不断死去又不断复活的高原
沦陷了又收复的高原
整个夜晚都在勃起的高原
只要想起你
就会默默流泪
或者号啕大哭的高原
伟大的诗人啊
有你的出现的高原和没有你出现的高原是不一样的高原
我亲爱的黄土高原
黄土高原

六

亲爱的
我是你肚子里的胎儿

来到你的子宫之前
我什么也不是
你的子宫是一座宫殿
你就是宫殿的主人
而我就是你的仆人
亲爱的黄土高原
我带着性感的音乐来到你的身边
我对着你的壮丽与辽阔
演奏小提琴
你是我栖身的窝啊
我用舔破窗纸的舌头舔破人类的出口
亲爱的黄土高原
我是流动的沙滩
我是在泉边饮水的人
我是愈合你伤口的人
在你孤独的时候与你谈情说爱的人
我是拥抱你的人
站在大地上唯一能将你亲吻到天空的人
亲爱的黄土高原
你是看着我一天天长大的人
你是轻轻咬我耳朵的人
你是抚摸伤痕的人
你是一口气把我吹醒的人
你是春心荡漾到极限的人
而我是在你茅草屋里避雨的人
我是为了你流淌泪水的人
相思到整夜闭不上眼睛的人
亲爱的黄土高原

我是翻来覆去向你提亲的人
我是给你带来幸福的人
不给你快乐我决不罢休
除非月亮不是月亮
太阳也不是太阳
直到山体滑坡
直到死去活来的感觉彻底到来
亲爱的黄土高原
拥抱着你一遍又一遍
松开了又抱紧
抱紧又松开的那个人
我就是一辈子要你的人
我像大河一样在河床上奔跑的人
像海水一样淹没陆地的人
一遍又一遍漫上你大堤的人
六十年前我就对你诉说着渴望
我的波涛汹涌
是一首歌唱灵魂的乐曲
心灵的奥秘像秋雨一样缠绵
亲爱的黄土高原
你在哪里
让我想起你的
不仅仅是你的漂亮外貌
还有具体而波动的身体
我一直在思念
每天为你祈福
看到你不断地生育
满天下都是你的子孙后代

你有着旺盛而非凡的生育能力
你永远让我满心欢喜

七

亲爱的黄土高原
你有多少岁啊
至少有一百多万年的历史
起伏连绵的山脉
多么像母亲的胸怀
在蓝色的天空下展开
全人类都在关注着你丰满的乳峰
哺育了黄种人的千秋万代
亲爱的黄土高原
在这浩瀚无垠山峦重叠的怀抱
更像是全世界最大的陵墓展览馆
每一个山头下　是不是
都埋葬着为人类文明做出贡献的人民与英雄
是不是让不同肤色的人种都来这里
拜谒他们的先辈与祖宗
人类从这里开始
亲爱的黄土高原
你如此苍老
大概没有一个人愿意
让我把你形容成美丽的少女
可是我一定要把你比喻成美丽的少女
因为你就是少女
少女变成了姑娘

姑娘变成了母亲
亲爱的黄土高原
女人的魅力不是以年龄的大小划分
少女也不是按照常规的观念区分
我相信一个八十岁的老太太
只要她有少女的情怀她就是少女
亲爱的黄土高原
男人们一进入你的窑洞
就喜欢上坑
先喝一碗小米汤暖暖身子
然后端一大盆羊肉
喝一大碗烧酒
你搂着男人和女人睡觉的姿势
就像是天空搂着你自己一样好看
亲爱的黄土高原啊
这才是高原本来的样子
冬暖夏凉的土窑洞
没有大门和院墙
与大自然完全亲密无间
亲爱的黄土高原
把我的生命献给你
一日相爱　终生不忘
这是不是像一句广告词
你要相信我
亲爱的黄土高原
我们是不是像多年的夫妻一样
只有亲热　没有设防
以诚相待　袒胸露背

前窑后窑　深入浅出
一草一木　山水相连
村前村后　树上树下
大坡小坡　沟里坬里
香的　甜的　苦的　辣的
红的　黄的　蓝的　绿的
站着　坐着　走着　跳着
醒着　睡着　喊着　叫着
都是我永久的记忆
哦
茫茫高原遍地是奥秘
深山老林处处是玄机
哦
我亲爱的黄土高原

八

亲爱的黄土高原
这腰鼓一定要在黄土地上打
而不是在水泥地板上打
这腰鼓一定要在广场上打
而不是在室内
更不是在华丽的舞台上
真正打起来的腰鼓像一场战争
尘土飞扬的黄土地上
像奔跑的马群
像震耳欲聋的雷声
以迅雷不及掩耳的速度

横扫大半个中国
亲爱的黄土高原
秧歌一定要扭起来
男人和女人一起扭
从远古扭到如今
扭出了炎黄子孙
扭出了古国文明
扭出了五千年的历史
亲爱的黄土高原
让唢呐照天吹
吹出黄河两岸的大喜大悲
也吹出世世代代的苦难
吹响河流的波涛
吹出太阳的颜色
吹出月亮的泪花
亲爱的黄土高原
我对苦难深恶痛绝
从此不再写苦难
在我的诗文里
将苦难的描写一笔勾销
快乐开始了
幸福开始了
在我的生命里
欢愉的因素与日俱增
亲爱的黄土高原
你和我都在地球的怀抱
享受着和平和经历磨难都是正常的
赞美和批评都是应该的

你一定要想着我
因为在这个世界上
只有我每天为你祝福
亲爱的黄土高原
我爱你一百多万年的苍凉
我用我的生命
亲吻你身体的每一个地方
直到你也发疯似的爱着我
并且一刻也不离开我
亲爱的黄土高原
那是因为我的热情与勇敢
在你的大山里找到了你的秘密
你的森林正在用力生长
你的河流正在涨潮
你无尽的地平线上
有我的向往
我是挨着你最近的蓝色天空
我们永远不分离
和你在一起我的痛苦都是快乐
人生在被人爱和爱别人中度过
都是美好的日子
亲爱的黄土高原
我们就应该这么活

九

让我走进你的心里
那些大山深处的等待

一百多万年都没有改变
亲爱的黄土高原
走进这些红红绿绿的窗花
就走进了你的家
这些窗花都是那些婆姨女子们亲手剪出来的
经过她们的手抚摸过的红纸纸　蓝纸纸　绿纸纸
都会剪出神奇的图像
她们手中的剪刀是锋利的
剪出了她们的命运和梦想
亲爱的黄土高原
你的土地上生长着杂草和庄稼
这里的荒山和沙漠里
还生长出一些说书的人
很多的说书人是盲人
为了养活自己而走街串巷
他们把黄土地上的故事
把中华民族的历史
把三皇五帝　各朝各代
宫里宫外的野史正史通过说唱的方式
翻了个底朝天
说了个一清二楚
黄土高原啊
这些说书人都是苦出身
看不见这个花花世界
他们在三弦的伴奏下倾诉喜怒哀乐的人生
一把鼻子一把泪
亲爱的黄土高原
你看到那个扳水船的艄公了吗

他要多神气就有多神气
年轻的时候没少撩逗过那些女娃娃
女娃娃们也喜欢他们
他们有的一辈子打光棍
不是因为他找不到好女人
而是立下誓言
为他那个心爱的女人终身不娶啊
高原上有好多动人的爱情故事
你不知道的事情很多很多
亲爱的黄土高原
你是我的故乡
我就要你一个故乡
有你一个故乡
就拥有了所有的故乡
有了你我不再想着其他的高原
内蒙古高原　青藏高原　云贵高原
所有的高原都不是你的对手
我亲爱的黄土高原

十

我就是那个爱你爱得心疼的人
爱你爱得不知道为什么的人
爱你爱得没有道理的人
因为在你的怀里
能找到我生命里需要的东西
亲爱的黄土高原
一个有作为的人

一定是艰苦奋斗的人
一个能够忍辱负重的人
你知道
陕北人爱对女人说
你神不定了
实际上就是把女人想念男人叫神不定
亲爱的黄土高原
我现在才明白
心里像猫抓哩
就是想你了
想你想得不行了
就是想要自己男人的时候才这么说
亲爱的
在这个世界上
你是我唯一的女人
在你面前我什么都可以说
你给了我表达自由的自由
这种不能公开表达的隐私
是相互慰藉心灵饥渴的好办法
或者是医治最神秘的最美好情感的良药
它有时甚至比我们一起做爱都神奇
它是生命中需要的黑暗中的光芒
亲爱的黄土高原
你要记住
我一定是那个
爱你一直爱到死的那个人
也许我对你没有任何要求
也许你的土地上永远没有写下我的名字

你的土地上没有安葬我的坟墓
可是这一切已经发生了
我们比千年的夫妻都相知　相爱　相思
我们的相爱是一场看不见的守望
一直在没有床的床上过夜
这是两个何等伟大的灵魂啊
我相信世界上再没有像我们一样的情人
会如此忠诚于我们自己的爱人
我爱你啊
我亲爱的黄土高原
我的女神
今夜我一定走进你的城堡
见识你开放成灿烂的鲜花
坚守我生命中最神圣的意志
我们心里始终有一个秘密
藏着一个不可告人的目的
它是一个人生命中的精神高地
它（她）会比别人更踏实地活着
比别人的心更宽广
因为它不怕现实的打击和灾难
不怕谁对它不忠诚
因为它知道有一个人站在它的身边
守候在它的心里
这个人是万能的神
是你的情人
是你的崇拜者
是诗神
是上帝派来的天使

来唤醒我们的生命
我们天才的想象力
以及所有的千奇百怪
只有你才能焕发出我的全部才华与智慧
派出五亿佛祖
五亿天使
为我们祈祷与祝福

十一

我亲爱的黄土高原
我想要的又得不到的
都在你的身体里
春风一吹
犁桦打开你的土地
土香就散发出来了
露出你花一样的笑容
亲爱的黄土高原
我是个农夫
一辈子在你的肚皮上劳作
每天拥抱着你
在你的耳边
说了一辈子的悄悄话
亲爱的黄土高原
让我在你的月光下走一走
在你的花园里洒水
我的心整个夜晚都在你的山峁上
在你的窗前守候

亲爱的黄土高原
给你朗读我新写的情诗
直到把你的心搅乱
把我醉倒在你的丁香树下
像在天上飞
一路引你向着高处
在你歌唱到最动人的时刻
把所有的爱再还给你的子宫
亲爱的黄土高原
永远敞开那阳光灿烂的怀抱
我广阔无边的母亲啊
你再生我一次
亲爱的黄土高原

2017 年 5 月 29 日于西安
2018 年 4 月 1 日改定于西安

无所不在的咏叹

一

一声黑色的叹息
在空气中散去
某种无形的压力
从远古的荒原上而来
大地的源头吐出亚洲非洲欧洲拉丁美洲
翻滚起巨浪的旋涡
绽开耀眼的花环
你是谁的故乡
敞开饥饿的肚子遥望天空
这就是生命
一个久已沉睡的音符在总谱里
关闭的音响爬上绿色的苔藓
口中没有台词
想跑出黑匣子的子弹不是异想天开

而是糊涂透顶的设想
能越过千山万水的障碍吗
那么就把黑色的叹息
送上回归的旅途
越过久居的海

二

不需要启齿
思维已经开始行动
一个系列的影子
在每一个人的肠胃里散步
隆冬
污水向我们泼来
我们背离曾经生育过的房间
在一个陌生的空间里游泳
重新练习早已忘怀的呼吸
一百岁是个很小的数目
苦苦哀求的生存不算生存
一只干瘪的手牵引另一只干瘪的手
一只流血的眼睛对着另一只流血的眼睛
在这个庞大的队列里任何有色人种都是一家人
只是染色深浅有一些区别罢了
还因为什么
是那些不同的语言吗
而语言都是相通的
只要看看哭泣和大笑就明白了
都是简单明了的激动人心

三

穿丝袜的脚
可惜了鸟的翅膀
丢失在没有痕迹的天空上
成熟的果子在枝头腐烂
六月里没有多情的手掌
麦田里到处是一片金黄色的芳香
惹是生非的妇女在河床上
让男人们心急火燎
一场暴雨顷刻间被洪水带走
一百支短枪有一百个枪套
窑洞里荡秋千的人
在无边的大海上手舞足蹈
噩梦四面八方走来
偷袭勤劳而苦难的睡眠
谁的手挑起十八岁的月亮
站在你早已疲倦的肩头
呼唤你在地狱里签到的姓名
四季不曾打开的窗帘
有一声黑色的叹息
惊动墙上受难的仙女图
门里有响动门外无人敲
在十字架上高高悬挂

四

你可以来者不善
预谋一次诡计多端的罪恶
于是灵魂在骨头里
骨头在肉体里包裹着啪啪作响的欲望
你倒在别人的床上
毁坏不了别人却把自己毁坏了
很多老毛病又死灰复燃
大街上女人们扬脚打手
高傲的臀部胡摆乱扭
残渣剩饭满地都是
印象派画家莫奈
超现实主义画家达利
终于认识到
地球的中心就在脚下
不要喧哗
不要用满身的嘴辩解
该来的一定会来
有各种各样的手段出笼
在陷阱里寻找你
把你拖上喜马拉雅山的峰顶
让你亮一嗓子
把心中的苦闷喊出去
唱成与黑暗齐名的恶魔
坠入深渊又响彻全球

五

唢呐吹响了
一个巨大的剪影在屏幕上
紧身的兽皮
遮挡最初的羞耻
一头种牛
在原始森林的尽头繁殖后代
历史沉积得无法托起
恰似黄昏的一声鸡叫
招来的都是刚刚合上的眼睛
自刎的母性裂开人类的源泉
酥软的乐土上堆放熟透的庄稼
沃土的另一面
灵巧的小手弹奏人类的脊梁
生育任性痴呆的男人
一定要把你的双手区别开来
一只在西半球　一只在东半球
琴键上流动的音乐扩展到星球外
在水里空气里土地上　在每一个人的心上开始生长
哦
人类共同的双手
是神经末梢最敏感的地方
触摸到了永远的智慧
不要松开瞬间的永恒
就这样从左到右
一声黑色的叹息
潜入每一寸空气

六

这话你说过了
在很多情况下
皇帝的龙体倒不在乞丐的怀里
那么
就离开这里
到有金字塔的地方去
再仔细阅读一下
磁场深处的秘密　在
埃及人
以及中国人
希腊人
印度人
脚下

七

看到你们
我就会不由自主地歌唱
唱出我心中的痛苦
就变成美丽了
变成夜猫子黎明前的疯狂
你听到了什么
看到了什么
水的声音穿过历史的河床
历史就在你圆滑的臀部之下

就像一个正在水中沐浴的女人
发出一声又一声的叹息
让我给你披上丝绸的睡衣
然后揭开盖头
才知道你是一个民族的新娘

八

什么是春心荡漾
不只是在春天的某一个日子里
在任何一个日子里都可以心花怒放
我一直称赞这个成语
让心开得灿烂
再灿烂再灿烂一些
这需要多少伟大的想象
才能实现的梦想
就像让白天鹅与乌鸦水乳交融
天葬台上的秃鹫和开屏的孔雀交流
骷髅闷得发慌与发芽的小草对话
才知道几千年来一切都没有改变

九

当我们连痛苦的力气都没有的时候
这是一生中最清醒的日子
清明节你清醒明白吗
我们背井离乡
那口供我们饮用的井水还有水吗

离开故乡的时候
是否将故乡和你的所有都打包起来
一同带走
哦
总有人说
凡是过去的一切都死了
而还有另一种说法
凡是爱过的就是不死的
我们总是不敢确定是哪一个
结果哪一个都不属于我们自己

十

21 世纪 20 年代的春天
我又乏又困
头顶上的太阳老爷也在打瞌睡
一直向西而逃
地球也累了
地球转不动了
想坐下来歇一会儿
每年的这个时候
沙尘暴就会来
刮起了天昏地暗的音乐
我们躲在房子里
房子里就会有一个声音在说
躲过初一躲不过十五
在阴凉的窑洞里抱团取暖
他们越抱越紧直至无法分开

直至有人开出了玫瑰
有人尝到了苦头
爱漂亮的女人没有错
关键要找到进出口的通道
有时候我们主动或者被动
或者该主动的时候被动了
该被动的时候又主动了
总是等待别人来收拾残局
无能的男人多得是
像一颗颗没有熟的西瓜
弹不出好听的乐曲

十一

夜晚烧红了天空
面壁的脸
一个灵魂对另一个灵魂倾诉
单刀直入
暴风雪伐倒的树
这些孩子不知道父母是谁
岁月无情
我们在同一棵树上掉下来
山羊绵羊都是羊
拐进另一条山沟吃草
我们不在同一个射线上死亡
不安的手抚摸谁的肩膀
变化音此起彼伏
失望的热泪留不住东去的大河

涨潮和退潮时
总有凋谢的花瓣和盛开的鲜花
来了或者离去

十二

重奏已经开始
在音乐的极乐世界
最美好的时刻
就是与它同归于尽
在天堂与地狱之间
在逻辑与非逻辑的过渡阶段
在祝福还是诅咒的判断中
我们最好迷失自我
不管是天塌还是地陷
炮轰还是水淹
火烧还是油炸
都阻止不了思想的力量
是光明还是黑暗都没有关系
我们在我们的轨道上滑行
阴阳平衡
天人合一
世界永远在平凡人的手中

2021 年 3 月 23 日

灵魂的雕塑

——谨以此诗献给路遥

1949 年 12 月 3 日
路遥出生在陕西省清涧县
一户少吃没喝的农民家庭
路遥八岁那年　实在活不下去了
父母把他过继给没有儿女的大伯家
从此上学读书
才有了出人头地的机会

我不是路遥的同事
也不是路遥的朋友
我只是路遥的小兄弟和陕北老乡
看过路遥的小说　听过路遥的讲座
与他有过几次交谈　虽然不算熟悉
已经感受到他非凡的气质

路遥去世十六年之后

我有幸撰写了八集纪录片《路遥》
对他有了更深切的了解
我们现在说的路遥已经不是路遥
他已经成了一个文化符号
他代表了农村青年蓬勃向上的希望
路遥是这些青年实现理想的精神领袖
这也是路遥精神存在的价值

2011 年元月　数九寒天
在白雪茫茫的陕北
我为《路遥纪念馆》撰写解说词
独自走在清涧的大街上
就想起了路遥大哥
仿佛你的音容笑貌就在眼前
你弯腰驼背的样子
你疲惫不堪的憔悴让人痛心

有人说
你就是小说《人生》里的高加林
也有人说
你就是《平凡的世界》中的孙少平
我知道
那是你也不是你
那是千千万万个农民子弟的缩影
你就是他们中的代言人
一个独一无二的路遥

想起你在《山花》上发表的诗歌作品

想起你在县剧团创作的剧本
想起你与诗人曹谷溪先生
在黄河岸边的合影
那时候你风华正茂意气风发
就像黄河汹涌的波涛
壶口瀑布给了你某种伟大的启示
让你像火山一样喷发出烈焰

想起你在 20 世纪
1982 年　穿着风衣戴着墨镜
从绥德城大桥上呼呼地走过
那时候你还不认识我
可是我已经知道了你
你刚刚因为小说《人生》的发表而
名满天下

想起我在榆林听你的讲座
你说“短篇小说的写作
一开始就要想到结束
而史诗般的长篇写作
第一部才是刚刚开始”
有一年我让你看了我写的几首小诗
你的鼓励成了我进步的最好营养

想起 1989 年夏季
我一个人去了壶口瀑布
整个壶口瀑布就我一个人
黄河大峡谷的空旷让我意识到人的渺小

我甚至有些慌张有些恐惧
我希望有人来拯救我
果然有几个人朝我这里走来
越走越近了　原来是你啊
路遥

你我在壶口瀑布相遇
你在黄河滩的石头上坐着
像一尊雕塑　你不停地抽烟
我不知道你在沉思什么
什么让你如此孤单
仿佛山顶上站立的一头巨狮
在壶口瀑布的河床上喘息
与波涛发出的轰鸣声交织在一起

在回程的路上
你在车上唱起了陕北民歌
“青天蓝天老蓝天
杀人的老天不眨眼”
古老的民歌让你这么忧伤
我不敢看你　怕风雨吹散你的灵魂
你的眼睛里满含着泪水
那是因为你热恋着这片土地

你去世几年后
你的弟弟王天乐告诉我
在壶口瀑布咱们相遇的真相
你们在车上老远就看见河滩里

有一个人在徘徊
你坐在车里看着河滩里的那个人说
“这个人不是普希金就是莱蒙托夫”
你这句话我一直铭刻在心
三十一年过去了
我坚持朝着这个方向行走
不管夜有多黑　路有多难　从来没有停止

想起你和我谈到下一部小说的创作
你说“这部小说既不是马尔克斯的
《百年孤独》
也不是陀思妥耶夫斯基的《白痴》
那是一种全新的创造”
你还说“他们写中篇我写长篇
他们写长篇我写短篇
我就是要跟他们不一样”

想起你在榆林宾馆写作时
我们说话到深夜　你说你饿了
让我给你找点吃的
有馍和大葱就行
我单位的大门早就上锁了
我翻墙给你拿来凉馍和大葱
因为你执意不让我给你热一热
就这样一口凉馍一口大葱地吃起来

有人批评你
说现实主义的写作过时了

这是因为他们不懂得
用什么方式表现内容只是一种工具
什么样的写作方法
都可以产生伟大的作品
现实主义的写作并不妨碍杰作的诞生

你从来都是现代的
在准备创作《平凡的世界》之前
你阅读了近一百部古今中外的名著
你是深刻的　也是时尚的
在作家协会大院里
你是第一个给女儿买钢琴的家长
因为你知道艺术创作的互补与通感
所以你的写作总是冲在思想的前沿

你一直认为
创新就是最先进的写作方式
你的人格魅力
总能吸引更多人的关注
并且能团结在你的周围
那是因为你敏锐的洞察力起作用
你的作品经久不衰
因为你始终站在人民大众的一边
站在人民大众一边
就永远是现代的　先进的　前卫的

你的关于小说创作的理论著作
《早晨从中午开始》

影响了几代人的小说写作
而我把它当作中篇小说阅读
看出了你生命中的风景与辉煌
你也看清了文学的本质
让生活闪闪发亮的艺术人生
是用作家的眼泪与血汗铸就的文明
甚至献出了宝贵的生命

想起你在病床上
为什么反复聆听贝多芬《第五交响曲》
以及你喜爱的陕北民歌和晋剧唱段
那是因为你的生命需要音乐的滋养
想让自己再一次站起来　我曾有评论认为
“路遥的小说结构有交响乐的宏大
以及诗歌的内涵和陕北民歌的灵魂”

路遥啊
我一直在等待你的那部新创作的小说
等待它荣获诺贝尔文学奖
可是天妒英才
上天请来一百二十个神仙
把你接上了天堂

1994 年
我出版了第一部诗集《情王》
我多么想让你看到它
于是这本诗集
如期寄往你生前的所在单位

如果你九泉之下有灵
就会看到它的面貌

路遥啊
我和你是一样勤奋努力的人
想起你能勇敢地战胜苦难　就不惧怕邪恶
不弯腰　不低头　不屈服
你的作品寄托了受苦人
要改变命运的全部希望
哪怕改变命运需要一生的奋斗
付出生命的代价也在所不惜
这就是你啊

你也许不会想到
我会为你撰写这首长诗
这是我向你致敬的最好方式
我知道你的奋斗经历吸引着我
你生命里的那些说不清道不明的英雄气概
那种不叫屈不喊冤脚踏实地的精神
让我在为你写作的过程中泪流满面

很多人不知道　你是一个幽默的人
爱开玩笑的人　一个有意思的人
一个妙语连珠的人　爱给别人起绰号的人
一个有真知灼见的人　也爱讲段子的人
一个对美和丑都十分敏感的人
有一年我去西安了
一回榆林　朋友们就对我说

路遥给你编了一个段子
我说什么段子

你说“有一次飞鹏去西安了
想买一件夏天穿的衬衫
一心想着要和榆林的人穿得不一样
转了几条街道
去了多家商店
结果看上一件鲜艳的红衬衣
他心里想着这下好了
一回去就能把榆林城给震翻了
在他下了汽车走出车站后
回家的路上他看到满大街蹬三轮车的人
都穿的是红衬衣”

路遥啊
你成名之后
好多人把你神化了
以为你只知道创作不知道生活
可你是一个骨灰级的足球迷
欧洲杯世界杯奥运会的足球比赛　一场
也落不下
甚至谁也不知道
你能把世界电影女明星的名字倒背如流

你的巨著《平凡的世界》
获得茅盾文学奖之后
你回到生你养你的清涧老家

老乡们都想看看你究竟是个什么样子
于是在县城发生了围堵
你知道他们是你最亲的人
自从周恩来回延安被群众围堵后
你是第二个被群众围堵的人

你又从清涧到了榆林时
我看见你穿着一身白色的运动服
这让我想起《路遥》纪录片中
作家刘凤梅先生说道
“路遥第二次返乡回来后
见到路遥穿一身白衣服　我问路遥
你是给谁戴孝哩”　路遥说
“我是给我自己戴孝哩”
这次是你在情感和事业上
遭受到的最大的一次打击

饭桌上我注意到你只顾抽烟
没怎么吃东西　也没有怎么说话
最后跟服务员要了一碗面条
第二天我让你在我家里吃揪面片
用一个平底大瓷盆盛面
盆下边垫了一块大毛巾
你吃得满头大汗　你很少喝酒
那次你喝了两杯　天乐多喝了几杯

你要去沙窝子里转转
你　天乐和我还有榆林行署的司机

那天天气很好　车子走了有一个小时
我们躺在沙窝子里
阳光照在身上暖烘烘的
你说“真好　真安静
在大城市里感觉不到自己的存在
只能淹没在人群之中
在这里整个世界都是自己的”

路遥啊
你是农民的儿子
你是吃过大苦的人
你是经历过生死的人
所以　才是懂得幸福和快乐的人
才能锤炼成民众喜欢的作家
你的作品是农民工床头的朋友
是大学生双肩包里的知己
是创业者掌中的珍宝

路遥啊路遥
你是人民的路遥　陕北的路遥
你是中国的路遥　世界的路遥
只要打开《人生》
打开《平凡的世界》
只要阅读你的作品
你就复活了
活在读者的心里

春　殇

世界是强盗的世界，世界是阴谋的世界。

——题记

一

这个春天不像春天
不像很多年前的一个夜晚
姑娘献出了她的青春
从此　春天在心中扎下了根

让人伤心的事时有发生
老有人跟踪你　你把残酷的现实
变成文字　把默默无闻的生活
变成美好的理想　把罪恶的谎言揭穿

真正的幸福似乎不在有生之年
背弃你的人不一定就是谋杀你的人
你用双手在土地里挖掘你要的东西
在黑夜里寻找真理　在废墟上建造宫殿

这个春天不像春天
春天在枯叶纷飞的季节
春天在大雪围困的午夜
春天从零下三十摄氏度起步
春天从心开始又死于心

女人的春天从懂得性爱开始
男人的春天从懂得拒绝开始
这世界像一道彩虹横跨蓝天
一头连着快乐　另一头连着悲伤

在凄风冷雨中
在高天流云中
在长夜的噩梦中
在漫漫的旅途中
体会到孤单的人生
像一盏容易熄灭的灯

春天走出的每一个步子
都将关注到我们的生活
如果在我们的希望之处
看到一朵盛开的玫瑰

那一定是汗水浇灌的结果
春天不在春天

我已经听到它的声音
在冰封的河床上喧嚣
当我们无法生存下去
当我们走投无路
春天还是春天吗
春天始终埋藏在心底
希望之火在绝望的时刻燃烧

二

当墓地改变了春天的颜色
谁也不会等待死亡
而冬天和酷刑在漫延

姑娘不再是姑娘
春天不再是春天
我们学会了遗忘
将全世界抛在脑后

那些杰出的思想家
那些提着脑袋的流亡者
即使在囚禁的牢狱里
也会生长出灿烂的思想

一位优秀的诗人

面对人类的灾难泪水不断
被迫害的人民因为爱而活着

三

春天本来无所不在
它使我们满心欢喜
只要睁开眼睛
鲜花就会盛开
走进这绚丽的生命
寻找到更多的秘密
在高山或者丛林
鸟鸣的声音总是会响起
阳光的裸体抚摸着万物的裸体
我们会不由自主地打开自己
让风尘仆仆的青春
完全沐浴在温暖的圣水之中
洗心革面之后共进晚餐
火拯救了我们
将黑暗植入光明

四

城市的季节变得模糊不清
在没有诗意的生活之中
带给我们烦恼和焦虑
甚至厌世和深陷在庸俗的泥潭

飞鸟已经很少
三三两两都很难看到
孤独的飞禽和稠密的人群
形成明显对照　拿什么来填补蓝色的天空
那些习惯进出自由的天使啊　你们在哪里

看不到土地的城市
看不到自由生长的树木
看不到流淌的河水
呼吸不到新鲜的空气
它们的肺已经变成了铁皮

坚硬的摩天大楼毫无表情地耸立着
人的脸像水泥地一样呆板无情
精于计算的园艺师　把有数的树木
修剪成一厢情愿的奇形怪状

好在还有很多有良心的人
而这些人是他们用来取笑的傻瓜
好在还有那些漂亮的女孩　我一直以为
一个女孩你只要想她三遍　就会变成爱情
我用诗的形式 把她们的美丽记录下来

一朵花是思想
一条河是思想
一座山是思想
一棵树是思想
把它们装进大脑

大脑里的黑暗多么辉煌啊

而我喜欢　以色列的姑娘
她们诱人的肤色在轻快的舞蹈
然后沐浴　铺床
脱掉衣服
缓缓地睡下
在我的隔壁

五

大海啊
你波动着迷人的肢体
一浪一浪地将我引向海底

我是鱼啊
在你的水里穿行
快乐并且绝望地歌唱着你的美丽
我的生命属于你
属于你无边的海水

在你的怀抱
我永远是
吮吸你乳汁的婴儿
大海啊
我把你叫作母亲

当我完全无知

就是无畏　那些有知的人
会使这个世界和平吗

我们无法想象
他们在离开母体之后
竟变得冷酷无情
实在令人难以相信
他就是来自母体的生命
与残忍与暴力等同

六

当这个世界变得嘈杂
正义和美消失的时候
我就不适合再继续生存
当地球承载垃圾直至变成垃圾
又有谁来强调人类存在的价值
当很多人都在赞颂腐朽
正直会粉碎邪恶吗

三个苹果和两个桃子
对于长途跋涉的行者
如果没有预料到失败
喷涌而出的泪水将会流成大河
我们在有限的困境中生存
寻找未来无限的境界　我已经看到
纯粹离我们就一步之遥

我一直在等待着你的声音
一千年也等
现在我不管你了
你爱不爱我并不重要
我只管知道爱　无论发生了什么

春天来了
迎春花开得灿烂
少女们在微笑
像蝴蝶一样飞动
而我的花　我的蝴蝶
它飞走了　无情的现实告诉我
在没有路的路上走下去
在没法活的时候活下去

这就是生存
一直处于绝唱的境地
一直在死
一直在生
我们永不投降
像射出去的箭　从不回头
这就叫义无反顾　死而无憾

七

太让我失望了
我的整个生命都在等你
我的爱一旦给你　就永远无法收回

它在你的生命里永存

我是在号叫着
说出你的名字
它回荡在无边的天空上
它使所有的时间破碎
它在你的身体里成长

我总在想两个字
毁灭　这是一个最沉重
最迷人的词　我一直拥有它
今天它的出现　就好像
与一个老朋友久别重逢

你知道吗
我是你呼啸的风暴
叙事与抒情的音乐
在天边徘徊
在你的梦幻中歌唱

毁灭这两个字
是最漂亮的恋人　今天它来了
也好像一对恩爱的夫妻
在大街上搂搂抱抱

我是在一秒中之内发疯的
快得就像一颗飞行的子弹
也许我还不算太疯

真正的疯子不说疯

也许我还没有真正的爱
真正的爱不说爱
就这么活着　等到永远
就这么燃烧着
燃烧成灰烬就对了

八

爱情应该在冬天发生
寒冷有利于思考
让不理智的情感向理智靠近

在将要脱去厚厚的衣服时
你也可以随时放弃　来得及
将脱去的外套　重新穿好

在冬天把自己脱光
这样的爱情是成熟的
它有充分的时间
让彼此酌情处理
而不至于像夏天
还没有想好
就接触到生命的核心

我想问你们
现在没罪的人

就永远不会犯罪了吗
相反　现在有罪的人
就永远不会成为无罪的人吗

九

生命的片段
像飘扬的五色旗
在高空书写着她的命运
第一场春雨就这样悄然登陆
像一个少女委婉羞涩地投入大地的怀抱
这一切都是从午夜开始
深情的歌唱从内心发出
一点一滴渗透
我是给泥土低头和下跪的人
我是大地的诗人
大地是我的财富和主人
她给予我生命和力量
我时刻在祈祷
在她的怀抱中呼吸
感受到她肌肤的温暖
那是用一生去亲近和关注的地方
当我冷静之后
再做出与生命紧密相关的选择
我的生存就有了意义
真正的疯狂产生了
这就是创造的缘起

十

这个春天
让我想起了死亡
也想起来爱情
想起意大利歌剧《茶花女》
想起花腔女高音
想起哥特式天主教堂

这个春天
欣赏到钢琴家郎朗的演奏
拉赫玛尼诺夫的《C 小调第二钢琴协奏曲》
这个春天经历了雅安地震
波士顿爆炸
我为死难者默哀

这个春天不像春天
我决定退出人类
你们这些鬼人
因为自己的私欲而伤害别人
那就是犯罪
你们把春天拦腰斩断
让她倒在一片血泊之中

这个春天是魔鬼的花园
黑暗在继续黑暗
而音乐给了我明确的目的与方向
在上下求索的征途上

让柔软的内心永远柔软

如果邪恶占领了整个世界
我们就会大祸临头
让罪恶去死吧
尽管所有的悲伤与痛苦还没有停止
内心的恐惧也不能丝毫消减

电闪雷鸣是大自然的愤怒
阴雨连绵是百姓的泪水
埋葬邪恶的日子到了
埋葬邪恶之时
就是诞生正义之日

2013年2月25日至5月4日于西安

紫色的云在快速地推进

我们总是被窥探
被跟踪　被算计　我们恐惧　孤独
一片树叶掉下来就能要了性命
不管怎么努力
也得不到渴望的那份安宁

饥饿的野熊把盛放食物的铝盆嚼碎了
把一本挂历也嚼碎了
一起吃下那些漂亮的影星
歌星　球星　电视主持人
大家的谈论兴奋不已
这些大众的情人

老鼠偷走了我们的被子
在床单上拉屎撒尿
蚂蚁搬运带油的饼干

我们不知道历史
也不知道自己

在这块土地上耕种了祖祖辈辈的农夫
今天依然春种秋收
依然扎着羊肚子手巾
面朝黄土背朝天　口中唱着酸曲
二妹子长三妹子短
鲜活而悠长

人法地　地法天　天法道
道法自然　老天给我讨饭吃
没有大海就没有渔民
没有马群就没有牧民
没有土地就没有农民　说到底
没有美丽的地球就没有人类

大家都讨厌逻辑
需要从思辨中解脱出来
但谁能做到呢
我们已经病了
并且病得很重
不可救药了

我喜欢独处
这样会减轻负担
负担主要来自燃烧的无名之火
只要来到这世界就无法逃脱

已经进入了这个圈套

大自然裸露着
从不掩饰自己
美丽得淋漓尽致
盛开的鲜花年年被微风吹落
遍地花魂遍地香
永远有展现不尽的花色
永远有凋谢不完的花蕊　大美无言
大悲无泪　大喜无常　大乱无序

你会感受到奇迹出现时
能看到意外的景色
往往会短暂地停顿一下
迷失方向
仿佛生命不存在意义

泉水啊
洗我的心　革我的面
润我的肺　清理我的血液
如果我们祈祷了　还说亵渎了神灵
那上帝就太过分了

有一种声音在流动
流动在黑暗之中
把花枝招展的事物全部放出来
只要爱就会不顾一切　温暖的心跳
小船几经下沉与漂浮

你分开了她还是她分开了自己

从今往后
被你反复吟唱的十二首大歌
需要另一位歌手配合
需要一个饥饿的胃
需要足够的粮食来填满
就像海水需要船　船也需要海水
满载货物或者乘客　由它去漂流吧
漂流到哪里就算哪里

当一个容器盛满了丰收的果子
它就会微笑　心满意足
就像左手抚摸了右手
然后双手交叉在一起
快乐有时候笑就像哭　有时候
哭比笑好 快活的哭泣不是没有

一个人得到了他心爱的人
就像鞭炮被炸响　纸屑四处飞溅
这就是快乐的笑声
微笑是清凌凌的水
凉爽解渴　人见人爱
一匹好马　一旦遇上好骑手
就会一直奔跑永远停不下来

她会把一切都交给你
而不是一块柔软的面团

捏成什么样子就是什么样子
看似失去自由　其实是彼此的奴隶
这并不是一件坏事
彻底奉献　忘却自己　成就自己
我们需要那种急不可待来完成自我

月光流过树梢的时候
就想躺下来　躺下来嫁人
生孩子　火是赤裸裸的　水是赤条条的
虽然说水火不容　可是火是男人　水是女人
当男人被掏空　女人被用尽的时候
衰老就该登台亮相

路是从天上爬过来的
真正的行者无春天可言
痛苦缓缓流淌　受了委屈和伤害之后
尚不可抑制的忧伤
音乐如同阳光一样地照耀
莫扎特处在黑暗的长夜里
创造了最杰出的音乐

我们总是匆匆忙忙
也忙不出个名堂
到头来两手空空
结果人也被损坏了
不会心平气和
不会从容不迫
连散步都不会

连娱乐都不懂
更不知道什么叫享受

有的人把灵魂出卖了
心早就不属于自己
管不了自己的身体
心与身体属于转动的机器
我们跟在机器的后面
它主宰了我们
权力和金钱

跪在绣花的地毯上
骑在穷人的脖子上
善良变成了一句谎言
任我们去寻找一个无望的目标
复仇者发了横财　告密者死于非命
淘金者寻了短见　死城里到处是鬼魂
紫色的云快速推进预料将要来临的山洪
一扫大地上的悬浮物以及上面残留的垃圾

2012 年 3 月 7 日

献给一个女孩的生日礼物

十六的月亮
像一只白色的蝴蝶　蓝蓝的天空上
扇动想象力无法抵达的双翼
临照大地的光芒
浸润我灵魂的深处

谁在向你诉说
谁在为爱情而悲伤
伸向苍天的巨掌　英雄啊
有能力将自己的女人
举成一束永不凋零的鲜花

喧嚣的大河为谁歌唱
斟满的酒杯为谁流浪
窈窕淑女啊
醉倒的是那个崇拜你的好汉

一如黑夜里大海上呐喊的行船

让我该怎样为你庆典
亮出我的肝胆　在快乐的
幻想中度过　在无奈的思念中度过
谁与我相约　谁与我碰杯
谁与我孤傲的灵魂彻夜畅谈

迎着太阳奔跑吧
让阳光照亮你的大地和臣民
让沐浴过的公主走出天庭
哦　装满圣水的双乳
哺育大地　哺育人类　哺育你的爱人

普天下的这个夜晚
为你祝福的男人是唯一的男人
你躲闪　你退缩　你高贵而不食人间烟火
娇嫩的桃子也不能拒绝采摘
错过一次又一次为你展开的波涛

不要让爱你的人等待得太久
要在有限的时间里做出无限的选择
我不怕孤独　孤独使我更加丰富多彩
孤独将那些沉不住气的人
驱赶得无影无踪

一生中遇到的机会并不多
抓住它就抓住了最基本的幸福

幸福就藏在你自己的心里
没有人打开它　把它取出来
它就会死于永恒的黑暗之中

只要为爱付出就是得到
哪怕没有回报　也是终身的受益者
等待一天就是等待了一百年
等待一个月就是等待了三千年
谁来承担失去三千年的爱情啊

拒绝了爱就是拒绝了自己
给别人障碍就是障碍了自己
让我亲手打开套住你生命的枷锁
脱下婚礼的盛装迎接黄昏
迎接你的太阳　迎接黎明前的歌唱

你把你献给我
你就是我的上帝　我把我献给你
我就是你的上帝　我们是彼此的上帝
我们是彼此的奴隶　一切都是平等
爱情不谈论谁高谁低

山风吹醒了沉睡的天空
海水流过了干旱的大地
我已经把心擦洗得干干净净
我要把它亲自交到你的手中
爱的全部过程就是对心灵的进化

在我的想象之中
小木屋站在山岗的丛林里
像绿色海水上自由漂泊的小船
载着我们全部的梦想和浪漫的现实
驶向远方　驶向一片无边的净土

哦
引领我前行的花香　它的主人
在密林深处　在大河的风头浪尖
为我盛开的鲜花已经灿烂
雨季将止　谁都知道
花期过后就是满地落叶

把你的双手伸出来
让它自己说话　让它在孤独的夜晚展开
展开了双手就展开了忧伤
让它在不停的书写中完善自我
让它快乐　让它寻找欲望的火

善良的女人
一定会善待她的男人
用漂亮的眼睛抚慰他受伤的灵魂
让流血的伤口迅速痊愈　让疲惫的身体
还原到最好　以便再一次起飞　穿越长空

倾听一个男人的叙述
双手接住那悲伤的泪水
就接住了一颗金子般的心

一脸沧桑　一世的情缘
枕着你高挺的前胸睡去

在我的生命里你就是世界的中心
把起伏的群山献给你
把一路呼号的大河献给你
把不断上升的雪峰献给你
把绿色的草原献给你

你是抚摸着婴儿的母亲
你是魅力无穷的女人
使一头暴怒的雄狮悄无声息
用温情梳理柔软而卷曲的长发　从此
你生活中出现了一颗不再被流放的心

黄河的源头为你沐浴
无边的大地捧起你微笑的玫瑰
太阳啊　为你披上了金色的光芒
如果没有你让我思念　让我痛苦
这日子怎么过　生命还有什么意义

黑夜里你静静地升起
群星簇拥着你洁白的睡衣
在这个盛大的晚宴上
我的心比我的眼睛看得更加清楚而明白
你必须展示珍藏的秘密　纯粹和真理

你一出场

就注定是我情感世界的冤家
即使我得不到你的爱情
我也不会放弃　能爱你已经是最大的荣幸
无须赞叹　无须颁发一文不值的勋章

我已经看到了光
在黑暗的深处举起了你的手
假如是一个梦　我也愿意
断断续续听到它微弱的呼吸
我走投无路　或者默默地死去都不重要

所有的台阶引导我
走向你就是走向朝圣之路
你要开口说话，为你的爱情现身
如果你是一粒种子　我就是你的农夫
请在我贫瘠的土地上生根发芽　开花结果

2005年6月18日改定于西安龙首村

黑夜如此灿烂

我从来没有见过
有这样的夜晚
黑得这般可爱
连伸出的五个手指头都看不见
你可以说它像地狱
可是地狱里孕育了光明
并且是通往天堂的必经之路

从来没有一个夜晚
黑得这般美丽
那是一些可以飞翔的事物
身穿黑色衣服的乌鸦
如此聪明而诱人
乌鸦大姐们是合唱团的成员
女中音温暖的声音挽救的不只是黎明
还有等待哺乳的无数个小小的生命

从来没有一个黑夜
让我如此动心
黑天鹅的黑
你就是居住在我生命里的那个心跳
闪闪发亮的姑娘
性感的姑娘
舞蹈和奔跑的姑娘
并非一定要来自非洲
铺天盖地的长发
是送给谁的礼物

从来没有一个故事如此动人
在这个漆黑的夜晚
所有的人都睡在你的怀抱
你是一个无边的摇篮
可是没有一个人能睡得着
各有各的心事
为了你跑出来夜游的人们
都在寻找与捕捉她们的梦中情人
你会在什么时候出现
让他们顺利地抵达生命的中心

那时候你独居一室
美丽动人的夜晚霸占了你的全部
黑眼睛
黑头发
黑皮肤　和沉默的大山一样

眼睁睁地看着
阳光的身体一点儿一点儿挤进卧室
他们拥有了你
前胸覆盖了你的黑夜
谁也不知道会发生什么
世界上没有不透风的墙
墙倒下来了
压在你的身上

只要心里想着一个人
这样的夜晚就不会孤单
黑夜给了你胆量
你在黑夜里种下了未来
未来将会收割的
不仅仅是无边的麦田
还有一群吵吵闹闹的精灵

从来没有一个夜晚像今天这样迷人
虽然看不到口红
看不到黑色的眼睛里夺眶而出的泪水
可是这心里埋藏的是爱情的光芒
太多的风险不需要叙述
愈合伤口的良药是拥抱与挥霍

从来没有见过
这么暗无天日的夜晚
星星没有
月亮也没有

无数恋人簇拥在一起
欲望升起来的时刻
享受到处弥漫着性感的味道
黑暗中是否有你的消息
传说中的故事正在努力地造人
颓废成一朵黑色的玫瑰
在风尘中被世俗抛弃

黑姑娘啊
我怎么看不到你
从里到外的激情在什么地方闪烁
喜欢被你围困在身边的岁月
不需要大地
也不需要天空
只需要一个叫黑暗的女人
有你的陪伴
张开的双臂就会将生命放回原处

从来没有见过
如此耀眼的花朵
毛茸茸的花蕊上
抖动着热情的期盼与冰冷的泪水
不要离开
寻找光明的黑眼睛
与你有什么关系
我是在黑暗里长大的孩子
只要离开一秒钟就会魂不守舍
离不开你的每一种诱惑

从来没有见到过如此缠绵的夜晚
温柔而多情
有时候光明跟踪我们
想甩也甩不掉的影子
紧随其后
谁也下不了狠心
将它一剑封喉

从来没有见过的黑暗
黑得如此灿烂
黑得让人痛心的黑
诱惑着我们走进黑暗的黑
拯救我们脱离黑暗的黑
也拯救了世界的黑
我们的黑啊
我们黑暗里的朋友
与她的黑马王子
一起走过夜晚的黑

从来没有见过
这样迷人的黑夜
只有在这样的夜晚
让全世界的枪口对准我
只要扣动扳机
一个生命顷刻间就会重新获得生命
我愿意你就是拿鞭子的人
用力抽打着我的全身

我愿意你就是那个拿刀子的人
割断我的梦想
我却仰天大笑

黑夜没有穷尽
孕育了望不到边的生命
无量的黑夜穿着长袍
像一群行走的牧师
在黑夜里祈祷
黑夜是宽广的声音
一直歌唱到天明
黑夜就在那里
你捡不起来
拿不走
装不进你的大脑

2017 年 12 月 1 日

发生在冬天的嬗变

疾逝的岁月之中
我抓到了最快的坠落者
阳光中耀眼的金子
时间啊　闪烁着死亡的碎片
我也在其中扮演一个角色　铲除罪恶
让老眼昏花的腐朽流离失所

秋天之后　一切将归于冬天
春天重新走进泥土　在冰块的中心
储存着一个美人　我不愿看到
你把春天含在口里　咽进肚子
就像把爱情锁在心里　然后把钥匙
扔进大海　扔进永不回头的岁月

所有的人都在失声痛哭
为同一个事件　同一个主题

可悲的王啊　你把空气掌握在自己手中
从不松开　还让我们尽情地呼吸
享受自由　享受到的却是死路一条

如果红牡丹与我的血液相比
它就会显得过于清淡
每一个古谚里　都埋藏着一柄利剑
它将刺杀那些不听忠告的人
闪亮的尖刀啊　美丽的剑　刎我的剑
它已经站起来说话　我将洁身沐浴为这个庆典献身

站在你面前　我就看到了自己
像一座正在爆发的火山
你明月下流淌的溪水　一面镜子
拯救了我关于死亡的计划
我要为你好好地活着　落在高大的
树冠上　呼吸远方吹来的空气

我收集到每一个人的孤独与悲怆
在我的体内凝聚　我等待每年的狂欢节
让微笑从痛苦的深渊出发
涂抹在发冷的背脊之上　在星光闪烁的
夜空　我努力提炼出真金
照亮布满恐惧的世界

清贫是多么美丽啊　目光停留的地方
使所有围观者为之动情　亭亭玉立的小提琴
以及明眸皓齿　以及激动人心的裸体音乐

钟情者是钟情者的疾病　你要顶住
坚持到最后一刻　我只想说爱你
夜夜为你歌唱　像一个王把神话传遍天下

我是一棵老树
一个彻底的悲剧演员　夏天很热
却生出满树的叶子　而冬天雪花飘舞
赤身裸体　谁能料到
死在自己手中的正是自己
大雪掩盖的正是自己的躯体

我已经看到　风化的沙石
白骨　以及腐臭的污水
正在和蚊蝇们勾结在一起
策划瘟疫和传染病　企图在新世纪
侵害人类的肌体和意志　这就是
死亡了的时间　可能构成的灾难
我是一块石头　我绝不沉默

我选择愤怒　选择铤而走险
我从不暗示　我喜欢一针见血
以及悲伤与孤独也响亮而透明
我不喜欢用繁文俗礼　把自己打扮
成一个正人君子　说话办事藏头藏尾

生活教会我屈服与低头
教会我哭泣　真正的哭泣
没有眼泪　也没有声音

我与狼和魔鬼共舞　与死亡交手
在渴望新生的瞬间
呕吐鲜血　走向暮色黄昏

少女啊　不必惧怕我
如果我的激情让你感到吃惊
那么你要感谢我　拥有美丽是一件
非常危险的事情　你要学会被爱的能力
像大山一样坚强　你必须呼唤我
像蓝天呼唤雄鹰　草原呼唤马群

我们将开始行动　为不断走向终点
我们行动　行动一旦从生命的内部开始
就会显现出色彩纷呈的状态
谣言就会粉碎　我们担心爱情
是否能够继续爱情　就像一个生命
从黑暗到黑暗　从死亡走向死亡　这就是真理

在整个时间的长河里　人类
永远是幼稚的　永远是井底之蛙
我们最终会感到惭愧　无可奈何
因为　谁能根治贫穷和罪恶呢

我们没有理由　歌唱这个虚伪的世界
歌唱欺骗和谎言　要歌唱我们自己
歌唱正在手中拿着的爱情　歌唱流浪
流浪永远是最后一步好棋　流浪是幸福
流浪　是一门真正的形体艺术

我们必须尽快地躲开
那些苍蝇拥挤的是非之地
我们要不断上升　以另一种方式亲近月光
抓住她的手说　我们不惧怕死亡
死亡是我们的好兄弟　好兄弟啊
这不是你我的归宿　是罪恶多端的归宿

一直回旋于这个大地上的是什么声音
是一个幽灵的啼哭　穷人们的号叫
这就是最原始的歌唱　歌王啊
歌声不会给我们带来好运气
它带给我们的是真正的快乐和忧伤
生存和死亡就像白天和黑夜一样
它们相接得如此自然　紧密　就像唇齿

在所有的声音中　死亡的声音最大
它美丽动听　催人泪下
具有无限的诱惑力　我们害怕它
想离它远去　正好相反　它离我们更近
它留下来了　我们在短暂的生存中
迎接永恒的死亡　这位并不受欢迎的贵客

我的幸运就在于两手空空
呼吸少量的空气就能维持生命
只有手　这个奇特的东西
能供养我们生存下去　保护着我们
爱情　学习　奋斗和进取

难道我们还不明白吗　风声和鸟鸣
给我们提供了一个神秘的图形
这些具体而又超凡脱俗的音乐啊
早已告诉了我们世界的一切
而我们却一无所知　我们只能缓慢地接受
凭记忆写出我们能够听懂的一部分

上帝啊　把你的虚无扔掉
把真实还给人民的时候到了
你怎么从不为穷人站出来说话呢
在因为贫困而死的死者面前
你的表情显得如此呆板　是非不分的上帝
你的空洞与虚伪正在被你的崇拜者公开盗用和继承

恐惧是人类自己创造的杰作
自己享用是理所当然的事情
生活等待我们的是屈服和下跪
而你是王　咆哮的狮子　一百把长号
表达出雄性的力量　而不是举起双手的投降者

在我孤独的时候　我多么想
让沉睡的花园突然醒来　为我祝福
我依然独树一帜　用泪水书写人生
如果漆黑的棺材是我理想的家园
那么　我宁愿让锦绣的山河破碎
美梦泯灭　幻想走向绝望的顶端
也不能没有你啊　我的女人

不管在世界的任何地方
我都是被放逐的囚犯　虽然我屡受挫折
经历了无数的打击　而我缺少的依然是痛苦
不要说痛苦　让痛苦自己说话
不要说　你听那小提琴的声音
她在说什么　她说的只有她自己才能知道

如果想在时间里取回我库存的生命
我必须投入更深的苦水里
苍白的呼吸对我说　落叶如雪
寂寞是最美丽的　你看　出淤泥而不染的莲花
散发出一片灿烂的光辉
我永远站在水果和蔬菜一边　毫不动摇

1995 年啊　与你相遇的日子
多么伟大啊　我勒令太阳停止照耀
追求简单朴实的生活
热爱真理　把邪恶迫上绝路
每一个人只能活一次　爱一次
不管迟早　总要在生活面前顶礼膜拜

我们紧紧拥抱着
在上帝的怀中袒露无遗
幸福就是痛苦的号叫　就是撕心裂肺
接受神圣的恩赐吧　一切都在呈现之中
展开所有的部分　成为榜样和典范
毫无顾忌地登峰造极

那么　我死了以后
谁能在所有的生者身上
唤醒另一个我　大地怀孕了
是不是发生在一场春雨之后呢
那么黄昏　迷失方向的风筝被雨水淋湿
而我感到太阳会出来使人万分不安

如果美丽的双唇永远关闭
那么　歌唱还会响起吗
那来自心灵　来自肉体的声音
还会传遍大地吗　哦　美人
黑皮肤美人　黄皮肤美人　白皮肤美人
歌唱吧　歌唱性感的生活　歌唱新世纪

新生的时间是一场大雪
将过去的岁月覆盖　谁会久久地等待水落石出
谁会等待一个死者来澄清是非
我不敢触动　更不敢打开
埋在地下的那本尘土满面的画册
美丽会凿伤我的眼睛　美丽会将我击毙

少女啊　没有人愿意拒绝你
色彩各异的花丛　感谢大地母亲
把你们打扮得漂漂亮亮　送给世界
你们如此美丽　难道不是为了舞蹈吗
为天空而舞　为土地而舞　为快乐而舞
告诉你　活蹦乱跳的小腿　节奏就是生命

欲火提炼出的纯金　太阳从黑暗中升起
竖琴的演奏者在一片废墟之上
我们的嘴巴派上了用场
为了爱情我们接吻　为了歌颂我们拥抱
学会在美丽和真理面前崇拜与顺从

把落叶给我　把苦难给我　把腐朽给我
我要在它们之上建造宫殿
我的疲惫不堪　我的忧郁
我的肉体和灵魂全给你　从不拖欠
我会随时随地给你　像一片移动着的云
将每一次呼吸给你　从不拖欠

让我爱你　雍容华贵的玫瑰
在每一层茸茸的包裹之中
一个虚幻的美人在其间熟睡　梦啊
时间与物质的交配才是真正的摧枯拉朽
生命之中　孤单依然是一个重要裂口
用一生的努力也于事无补

我担心最后一线希望会熄灭
走投无路的时候更加走投无路
太阳落山
谁能不让天空变成一片漆黑呢
谁能不让姑娘们自由地哭泣呢
除非男人们突然消失　女人们才会
乱作一团　像一群没有头羊的散兵

纵然死亡是最后一个节目　上帝啊
你能让死去的人蓦然站立吗
他曾经在你的怀中诞生　生活就是这样
像一个梦　一场游戏　差不多所有的人
都会忘记微笑　忘记爱情和关怀　现在要寻找
唯一的去处　听树的语言在空气中流淌

哦　用一生的精力寻找花园　寻找源泉
寻找一棵树和一张嘴　挂满果实的枝头
在我的想象里　人类的母亲们
摆动着硕大的双乳　哺乳的乳啊
接受婴儿的吮吸　一代又一代
接受苦难和压迫　接受野性的打击和热烈的抚慰

无需畏惧　既然已经被播种
就得好好生长　只有健康才有希望找到真理
生命本身是苦难的　如果要寻找快乐
就必须首先战胜自己
真理总是在最危险的地方埋伏着

爱有多深伤害就有多深　因为
我看到最美丽的部分　被无情地折断
摧毁　清醒总是一瞬间的事情
而迷失是永恒的　在长满青草的峡谷
散发光芒的珍珠在召唤打开我陈年的孤独
我的兴奋是味道很醇的老酒

我有理由牢骚满腹　我是乞丐
对这个并不温和的世界说　滚开
虚情假意的妓女　我没有钱
我只能为我的贫穷上床　但我要高呼
妓女万岁　她们和我一样拥有无家可归
拥有早到的疾病和死亡

大地的子宫容纳了一切
活着的和死去的都会重新开始
我始终走不进　这扇紧闭的大门
尽可能赶在涨潮之前
让孤苦伶仃的人也碰碰运气
让我说的话　整夜整夜地做爱并不算过分

用乞丐的眼睛看世界　世界一片漆黑
哦　那个我们并不熟悉的肉体
消耗着我们的生命
微笑着的鸦片在血液里流淌
害虫吞食着大树的根　毁于一旦的国土
在飞快的时间面前脸色苍白

不仅仅局限于山川河流
局限于窈窕淑女　美女的姿色
使我们眼花缭乱　对于庄稼和花园
我说浇灌
最美好的事物往往是最简单的　可是
我们能摘取一枚苹果
难道能摘取一个女人的心灵吗

那么人类这颗苦果　它寻觅到了什么

舞蹈的蝴蝶　每一次飞翔
都带给我无穷的灵感
我为你们而书写　书写激动人心　书写洁白
在生命的出发地　呼唤你啊
一个天才降临的地方　大草原啊

一个黑暗的身体　历尽千难万险
寻找世界上最珍贵的宝藏　爱情
远涉重洋　到达彼岸的那天
我已经遍体鳞伤　在没有月光的夜晚
狂欢是最重要的标题　从此
嘴不再言说　在那个无限博大的深处只有行动
只有行动　行动是生命的总和

1997年12月草于西安
1998年5月改定于西安

灿烂的阳光

每一天都在迎接你的到来。

——题记

一

有的人注定是世界性的诗人
因为他发现了真理
在平凡的生活中相遇
并且愿意为此献出一切

二

知道放弃和懂得学习的人
与现实的处境无关
与出身的门第无关
与名声的大小无关

三

快乐很容易进去
如果没有节制
就会把思想堵在外边

四

幸福是对伪装和欺骗的揭露
幸福是对真理和正义的捍卫
幸福是对善良和美丽的保护
幸福是对公正与和平的歌颂

五

人类越走越远
离开了和平以后
枪口对准了人类自己
以及生育了万物的大自然

六

有一些时刻
我不思考
只享受

七

荣华富贵何处来
枯木红颜随风去
悲欢离合皆未定
东南西北都可行

八

那些不畏艰险的人
站在队列的前排
因为他们手上有力量
心中有真理　才会强大

九

有一个声音
一直在引领我
穿过无边的黑暗
找到光　找到水面上的神灵

十

成功没有那么重要
重要的是有尊严地活着

十一

上帝应该想个办法
让邪恶无处藏身

十二

矿工们把光明给我们
自己却在黑暗中穿行
把温暖给我们
自己却在严寒中挨冻

十三

历史的记录不会公平
因为现实本身就不公平

十四

时常回忆起
一生中　连上帝都
无法能够阻挡的快乐
就感激得热泪盈眶

十五

海洋覆盖了大部分地球
鱼类是海洋的霸主

飞鱼是追捕者逼出来的逃生技能

十六

美丽是一只翅膀
善良是另一只翅膀
有了他们人类才能飞翔得更远

十七

未成佛道先结人缘
假如是很好的小和尚
就一定会长成很好的老和尚

十八

年轻的时候显老
老了反而显年轻
活着的时候死了
死了以后才活着

十九

被抚摸的时候
觉得生命有了意义
就像一朵含苞待放的花
在阳光下彻底展开

二十

不论是谁
不论在什么季节
不论在哪个时代
爱才是最伟大的
谁也不可能征服

二十一

今朝花红明日谢
日落西山唤黄昏
人人都怕沙尘暴
年年美梦都成空

二十二

拉琴写诗爱自己的女人
忍耐再忍耐坚持活下来

二十三

一定要善良
但善良不是任邪恶横行
也无动于衷的人

二十四

一定要忍让
但忍让不是分不清是非
糊里糊涂地顺从与屈服

二十五

一定要舍弃
舍弃是为了后人的自由与民主
而牺牲自己生命的人

二十六

正要轻生
从身旁走过一个少女
或者画报上朝你微笑的美女
会挽救这个生命
有必要留下来接受她的美丽

二十七

用心在她的身体上
写下你温柔的目光

二十八

你像一个幽灵

在我的骨髓里驻守
当你离我远去的时候
我的记忆被你的背影装满

二十九

海滩上
留下亲吻的脚印
灵活的手在浓发上
折叠出感情的梦幻

三十

谁也不能否认
跟你所喜欢的人在一起
具有美容和健身的作用

三十一

美丽和诱惑力
成为具有引力的黑洞
不管走到哪里
都在你的召唤之下

三十二

本来是大眼睛
微笑时眯在一起

快乐成一条缝

三十三

太阳是一朵花
天天灿烂
它不知道它是谁
为什么开放

三十四

你身上任何一个地方
用手臂碰一下
就是幸福

三十五

你不会知道
我每天搂着你
飞快而热烈地亲吻一张照片

三十六

音乐一响
我就有很多梦想
萨克斯管的旋律
能把地狱演奏成天堂

三十七

爱就是奉献
当你发现目标时
会把自己砸得粉碎
一点儿也不剩地送给她

三十八

你带电的手　麻醉了多少酒徒的眼睛
谁想毁你的容　谁就是整个人类的罪犯
罪犯的主要目的是把美毁灭

三十九

我是唯一给你幸福
并且能够阻止你死亡的人
能够忍让的人
不是软弱　恰恰因为内心强大
才有能力宽恕　才敢于包容
才敢于退出

四十

不善于强攻的人
不是因为胆小
是因为他知道
真理在自己一边

不必争吵就可以获得

四十一

小声说话的人
不是他声音不够洪亮
而是他怕惊扰了别人
在必要的时候　他会一展歌喉
往往能一鸣惊人

四十二

我常常穿行在
陕北高原上的沟沟岔岔里
想象几千年以前
也有一些人和我们一样
行走在大地之上
他们的穿着不一样
而大地是一样的
只是变换一代又一代不同的人
大地需要多少财富呀
才能养得起他们
可是他们不满足
往往要烧杀抢掠
搅扰得大地也不得安生

四十三

日子就要一天一天地过
天亮了　又黑了
日子不怕重复
我们也要有能力忍耐
不怕侮辱与损坏　悲伤与痛苦

四十四

她也许是清朝的格格
穿着旗袍在风中跑动

四十五

我不管住在哪里
都是外乡人
我是一个没有故乡的流浪汉
我是客居在地球上的外星人

四十六

我说的话谁也听不懂
我想的事谁也不理解

四十七

打开一扇门

就是打开一部长篇小说
一切从细节开始
恋爱的快乐就在于思念的痛苦
思念的痛苦就在于相见的快乐

四十八

在梦中
我悄悄地进来
又悄悄地出去

四十九

你是那永远刮不完的春风
春风里有蒙蒙细雨的歌唱

五十

这是你的味道
春雨里开放的鲜花
这是你的颜色
风在草原上的舞蹈
这是你的形态
丢失了的再也找不回来
就像流逝的岁月

五十一

我躺下来
好像有什么东西跟进来了
围拢着我　重重地压在身上
仿佛迷迷糊糊之中
有两个人用方言对话
我的身体在深水中下沉

五十二

有人在说
让黑暗站起来
黑暗就真的站起来了
像一张看不清的脸
又像一块墓碑　冷冰冰的
可是那些汉字曾经是温暖的

五十三

总有紧张的时候
胃开始疼痛
每一次都是这样
好像大战之前
士兵背着枪支弹药的感觉
仿佛约会是一次死亡

五十四

很久没有歌唱祖国了
祖国是土地是山川河流
祖国是没有阶级的
祖国就像空气阳光　飞禽走兽
谁也不可能批判大自然
如果有　这说明他脑子有病

五十五

我从来就主张
赞颂老百姓　赞颂天地万物
批判邪恶
那些连一句好话都不愿送给别人的人
你能指望他为别人做些什么呢

五十六

月亮在一杯酒中
我永远在镜子里

五十七

人可以是物质　也可以是精神
那些风土人情民间习俗
是极其昂贵的财富
当智慧变成愚蠢的时候

就是这个世界毁灭之日

五十八

多么想成为自己
而只能为自己的不幸哭泣
就像理解你的人远离
而不理解你的人在身边

五十九

人生的最大不幸
是你做对了却被认为是错
你生命中最闪光的东西
却被认为是污点

六十

最不能
让我忘记的
是一幅心中的肖像

六十一

其实
我也想不起
你具体的眉目
也只是一个不清晰的轮廓

六十二

细节是关键问题
摆在你我之间的是一条河
你过来　还是我过去
两岸的风景
一目了然
你看到的时间
和我看到的时间
也许不一样

六十三

爱情
那不只是一场床上的舞蹈
而是体现在生活中方方面面的思维方式
渗透着一切高贵于庸俗的常态

六十四

如果她允许你搂着腰聊天
亲吻拥抱着睡觉　那么
她就是你的爱人　仿佛
那个发光的太阳照耀着大地

六十五

这些消失的时光相濡以沫
像一群美女在你的眼前一晃
就再也见不到她们了
如果把恍然大悟和无稽之谈
放在一起　会发生什么不策吗

六十六

从伊拉克到利比亚
再到叙利亚伊朗
我总是在想　他们的人民
遭受或将要遭受的战争
那无疑是一场灾难
而那些当权者
也许只为了个人的面子和兴趣
向对方开战

六十七

地铁是另一个世界
不太像地狱　地狱是黑暗的
而它富丽堂皇

六十八

对于男人而言

他爱的女人
就像是神秘的大海
想要看到大海里的秘密
就必须跳入大海
有可能被海水淹死
这就是获得爱情的代价

2013年6月20日于西安文艺路

第三辑

情歌绽放

今年春天是我等待的最后一首情歌

当粉红色的海棠
开口对我们说话
当丁香花开满山坡
洁白而细碎的花冠就会迎着太阳微笑
我的心就会灿烂成一片辉煌
岁月就会在每一块草坪上写下幸福

能够分享生命的只有你
巨浪中的风帆为爱情而远航
在汹涌的大海里缺少睡眠的眼睛
和缺少休息的肉体一样
需要牛肉和蔬菜
缺少关怀的生活
和缺少夫妻生活一样
需要温情和体贴

在缺水少雨的高原
从来没有这样思念一个人
思念让我无法生存
买断世界上所有的玫瑰
我的爱人
用你柔弱的双手
敲响我生命的大钟

即使生命已经停止
爱情也不能停下来
让我们穿过草原
让我们漂洋过海
让我们生一大群孩子
我的天使啊

在你来临之前
黑暗早已逃跑
黑暗逃跑之后
一切恐惧与悲伤
孤独与痛苦都在彼此的爱抚中消失
幸福来得如此突然
就像暴风雨从不预约
突如其来的倾诉
赤裸裸的雨柱奔向大地

我的女神
让我跪下来迎接你
你丝绸般光滑的肌肤

在灯光下闪烁　奏乐吧
点燃蜡烛给我舞蹈
主人啊
我愿做你的奴隶
在黑暗的深处燃烧自己

我的女神
让天空为你普降春雨
让雨水来沐浴你
在雨中追随
将你飘扬的长发梳理
你的手是两朵正在开放的桃花
又软又绵　你让我坐在春天里
今年的春天是我等待的最后一首情歌

我要走进你的城堡
月色下纷纷盛开的花瓣
你这个扎着小瓣子的女孩
别来找我
我不吃你带给我的草莓
我也不吃你嘴唇上的口红

我要慢慢欣赏你单纯的微笑
你跑动起来的双乳就会疯狂地震颤
我是上帝派来的清风
我将双手托住你激动不已的青春
以及那些从未打动过的花草和露珠

我要呵护着你
为你的美丽想象到天明
我要在大地上种下夜莺
让它为你歌唱
我要天空中种下的马
让它在太阳的肚子里飞翔

我想起难产的母亲们
紧紧抓住丈夫的手
仿佛生育不是幸福而是痛苦
此时我正在长安的古城墙下写诗
写诗的人不多了
能写出好诗的人更少

世界上真的有
不能触摸的幸福
就像火
它会把你燃烧成灰烬
世界上真的有
挽留不住的爱情
就像大海
把你漂流到远方却不见送回来

谁能知道
你正在走在路上
为一场暴风雨积蓄力量
生命里取之不尽的智慧用之不竭
春天的脚步从冬天出发

所有的离别
都是为了下一次相聚

远方是一个梦
空洞得就像一座坟墓
只要给我片刻时间
我愿投入永恒的宁静
黑夜擦亮了我的眼睛
而白天我什么也看不见

看不到尽头的岁月
你这个迷人的妖精
突然从魔鬼变成一只羔羊
在草地上温驯地躺下
让我伸手就能抓到你
这个雪片一样缥缈的洁白
仅这一点还构不成一首好诗
还要继续在你的黑夜里寻找黎明和曙光

2012 年 3 月 20 日

小提琴与萨克斯管的不断变奏

点亮灯盏的声音
与每一根神经纠缠不清
这祈祷与渴望不谋而合
手指触摸过的旋律
进入夜晚的寂寞之中
欢乐和忧伤都恰如其分
究竟该从哪一扇灵魂的窗口出入
岁月的痕迹在身体的内部诉说

岁月像水一样流过
箭穿行于大地之上
时间不停地死去
毫不犹豫地离开我们
就像我们记忆中的一段爱情
不停地产生　具体而抽象的灿烂
如同一株小草的存在

流星划破夜空

高大的树冠
在黎明悄悄上升
挺着胸膛迎接第一束阳光
它的根部开始湿润
土地的深处藏着一部大书
够我们阅读到生命的尽头

仿佛一切都在堕落
而天才们在受难
十字架上写满了他们的名字
最好的超度是一剂苦口的良药
连地球都累了
它很想停下来歇息片刻
太阳升起
一朵水灵灵的鲜花

欲望铺满整个大地
让我们的身子平躺成山脉
长出森林和草原
长出渴望已久的思想
冲动的草地上绿色弥漫
针尖般的疼痛告诉我们
生育是一张美丽的大床

真正的爱情在每时每刻
在每一秒钟的细节里展开

纯粹的沟通在继续
在空气里　在阳光中
在黑夜的任何一个地方
演出开始　皇后登上舞台
响起千古绝唱　音色异常丰富迷人
小提琴与萨克斯管的不断变奏

狂风来临时
我想自投罗网
淹没在大地的怀抱
如果所有的爱都在寻找
爱就一定会成为人生的主题
葡萄熟了就该采摘
秋风啊　果实挂在枝头
伸出你多情的手臂

乳汁哺育人类
镰刀收割庄稼
不要忘记继续把种子埋在地下
太阳抚摸着大地
大地就怀孕了
永恒的激情和旺盛的生命力
北方是一只公羊
而南方是天上飞舞的羽毛

每天都是丰收的季节
让我们欢庆这团聚的日子
站在高高的山坡上

紧握掌中的珍宝
成熟的麦穗啊
谁的汗水将它浇灌得饱满
骑着这匹快马飞速前行
不需要隐瞒什么　展开你嘹亮的歌喉

比起宇宙的胸怀我们多么渺小
比起天空的辽阔我们多么狭隘
打开这思想的宝藏　让我们迅速成长
人类已经获得悲伤　离快乐很近
不要说什么　没什么好说的
撕碎那些伪装的面纱
让脊背和大腿露在荒凉的原野

让华丽的灯塔在土地上献出技艺
活着说到底就是一门艺术
把你的想法大胆地说出来
躲躲藏藏不是个办法
冬天穿暖了就好
夏天凉快了就好
生活如此简单

如果活着既不坚守又不对抗
那么只好投降
平庸的生活
占据了所有生命的空间
你将用什么演绎人生的辉煌
如果没有能力将自己

升华到一个无比开阔的境界
我们的存在又有什么意义

我不崇拜你的肢体
固然饱满的双乳代表了人类的源泉
固然纤细的腰肢代表了温柔与苗条
而我更迷恋你的眼睛
一丝忧伤而动人的泪光
蕴藏着灵魂深处的秘密

因此我收下你的全部礼物
娇小的人儿呀多么乖巧
经历了五千年风雨的磨砺
时间将你锻打得多么精细
一切都随了你的心愿
鸡蛋里挑不出骨头

炎热的仲夏已经过去
冬天从今天开始
我的手已经多余
曾经手中掌握的爱
在暗夜里失眠
手看到了它自己的死亡
我们的生命抛弃了我们
以及幸福和仅有的快乐

飞翔的感觉真好
究竟是谁在承载命运

在饥饿的鸣叫中
完成了最华贵的幻象
搂着成堆的梦幻
在现实中叫卖自己的灵魂
谁来收留　从天空滑落的流星
在钢丝上行走的大象
在烈火中尖叫的羔羊
资本榨干了我们的血汗

等待山摇地动
一些无法预料的事件正在发生
我知道漫天的大雪为我歌唱
洁白而寒冷的风塑造了我的理想
勇敢坚强的人魅力无穷
闪烁着绚丽的真知灼见

二重奏在各自的音阶里穿行
复调荡起的涟漪在旋律中散发出光的色彩
柔和的长音平稳过渡　每一个乐章优美动听
把抒情的尾声放在最强的时代奏响

2012 年 3 月 12 日

月亮你下来

月亮你下来
你的孤独我知道　何必难为自己
让爱你的人备受煎熬呢
你下来吧　只要你下来
什么事情都好说　给你一排窑洞好不好
难道你要在上边终老一生吗

总会有一天
天上又升起一颗月亮
升起三颗五颗　十颗八颗月亮
都有可能　照得大地比白天还亮
天气就会很凉爽　月光照着的身体
就像在洗凉水澡一样舒服

十来颗月亮　都是好姐妹
一群美丽的少女　从蓝天上飘过的时候

是踩着白云在散步　留下一路香风
裙带起起伏伏　飘然而过
给人间洒下满地的月光
在风中摇曳的月光啊

诗人李白的白　是借用了你的月光
写下无数赞美你的诗句
而我为你写诗　也是有根据的
并不是空穴来风　你看我的名字里有个鹏字
其中一个字里有两个月亮　这是不是了不起啊
我常常想我们的缘分就是这样来的　真是太神奇了

我也会幻想
是你的银光洒在大地上
才有了玉兰　白莲　梨花
就连高原上最先开出的杏花　桃花都算上
都是你的光芒　哺育了这么多古今的诗人
如果你不嫌弃的话　我愿意算一个
成为你的追随者多么荣幸啊

从古至今
你总是孤孤单单的一个人
那么多星星都围着你转来转去
它们的光加起来　也顶不上你一个人的光亮
大地上的事物也在千变万化
就算是你年轻　也该有个相互照应的人
月亮啊月亮　你什么时候才能和太阳团聚

月亮你下来
你是不是放弃了美食和男人
如果放弃了这些　你就放弃了做女人的快乐
小时候我是不看月亮的　连头也不抬
怎么能看到月亮呢　每天只知道贪玩
弹玻璃球　滚铁环　捉迷藏
一年四季几乎把你给忘了
自然没有任何感慨和体验

只有到了八月十五这一天
又是吃团圆饭　又是炉雪花（月饼）
又是穿新衣服　洗漱得干干净净出门
最奇妙的是　晚上有一项活动叫献月
我们的院子里有一个大石床
大石床上摆满了苹果　梨　枣　桃
当然还有炉雪花　一家人等着月亮下来团圆

在石床中间　点燃给月亮敬的香
香烟袅袅　一直往上升　升上了天空
我就顺着烟上升的方向往上看
就看到了月亮　我一直等着月亮下来
吃这些摆放的东西　这可是为了你准备的
我一直不理解　你怎么就不下来　枉费了一片诚意

我总是觉得
月亮像一块更大的月饼
够所有的人吃一辈子都吃不完
那时候我很小　对月亮就有一种神秘感

我认为月亮就是一个人　这个人跟别人不一样
长大以后　月亮就不是我认识的那个月亮了
我认识的那个月亮　不是我在书本里看到的那个月亮

对月亮的科学解释
理性上我是能够接受的
可是内心永远也没有认同感
月亮还是那个月亮　从来就没有改变
现在每天都看月亮　只要她升起来
从上弦月到下弦月　月牙是好看的　有时镶着金边
有时又没有金边　每天都有一些变化好就好在有变化

我还发现月亮在阴历的每月十五
不一定是最圆的　其实在阴历的十三就圆了
一直持续到阴历十八还是圆的
我也想过　如果月亮是一个温柔贤惠的女人
一定应该有个好老公　你说是不是
月亮啊月亮　你为什么让我操碎了心

月亮你下来　我的月亮
不是李白窗前的月光　不是贝多芬的月光
不是肖邦的月光　不是李斯特的月光
不是舒伯特的月光　是我童年的月光
它就在我的身旁　也照在我没有去过的地方

这月光照着深山老林里的一片花海
这是我的月光　也不是我的月光　我的月光
他躺在一条大河的怀里　闪着银光的水面

怀里翻卷的浪花　浪花里飞溅出来的微笑
银铃般的声音传出来　走向四面八方的月光啊

月光洒在大地上是揽不起的
它得有一个依靠　这个依靠就是我
一个坚实敦厚的肩膀给它依偎
含情默默地守护　就这么一束光
搅动了沉睡的大地　大地睡醒了
重新播洒她的月光　月光的声音很绵柔

这不是一个人的事情
倘若是一个人的事情
为什么要月光照耀
这是普天下的事情
普天下在月光里安安静静地休息
月亮是一首优美的小夜曲

月亮你下来
我们需要一些音乐
古琴的演奏是要有的
《春江花月夜》是要有的
俞伯牙和钟子期是不能少的
再听一听帕格尼尼的二十四首小提琴曲
既有炫技的成分又有惊喜的旋律
让我们孤独的心灵被滋润　你下来人类就好了

你还要听英国歌手凯瑟琳·詹金斯的声音
她美丽如画　身材苗条纤细

是世界上当红的小旦　你们是要好的姐妹
钢琴也不能不听　肖邦　李斯特
凡是好的音乐都是要的　莫扎特　贝多芬
柴可夫斯基的交响乐都是要有的
月亮啊你下来　带着你的倾城倾国
月光如水地荡漾啊　你就荡漾啊

月亮你下来吧　窈窕淑女啊
端端正正的坐姿　文雅谦逊的礼仪
风采卓然的样貌　千千万万的男儿
渴望这样的夜晚　风都吹不动树叶
世界停止了呼吸　等待你的到来

战争与月光　怎么能联系在一起
你选哪一个　枪炮毁了妇女与儿童的梦想
毁了恋爱的人　毁了生育　毁了多少性感的女人
以及忘我的生存境界　每一个人都有精彩部分
一首抒情的诗与妇女生产时的疼痛
战争啊　把妇女们的美好生活都搞乱了
把人类生存的正常秩序破坏了　幸福就会荡然无存

月亮你下来
有人建造了高台楼阁　名曰揽月阁
谁能将你揽入怀中　除了不自量力还有什么
只落得水中月　镜中花　梦中梦而已
料那枪炮探不上月亮
伤害不到我的美人

可是它们可以穿过月光的身体
月光在炮声中无声地粉碎
月光从来都一声不吭　更不会哭泣
粉碎的月光有记忆　它知道浓烟滚滚中
死亡降临人间　给平民百姓带来灾难

月亮你下来　我要告诉你人间的一些事情
那些模特露出自己百分之九十五的肉体
这是给别人看的职业　有些卖弄风情
给别人看的身体仿佛就不值钱了吗
那些包裹得严严实实的女人
深藏不露的女人　不一定
就是你需要的女人

她们温文尔雅　却在暗送秋波
表面上看起来静如止水
内心却是波澜壮阔　翻江倒海
那些爱插科打诨的女人
把心里的事情都说出来
行动力反而减弱了许多
躺下就睡得像死去了一般

月亮你下来　信不信
只有那些沉默的炸弹
才能爆发出巨大的威力
一个长期忍受欺辱的人
也会突然释放暴力的情绪　踢一场足球
由此获得前所未有的快感　高潮来临

从带球到过人再到射门　顶多十几秒到几十秒

世界居然有一种神奇的感觉
生命发挥到极致　守门员守不住了
一个瞬间的崩溃　濒临死亡又有了再生的体验
是一种绝对真理　爱情就是如此　从来都不拖泥带水

月亮你下来　你轻放在大地上柔软的身体
仿佛抹在原野上的胭脂　很多人在说诗意
月光啊　你就是诗意　落在雪地里的诗意
落在牧场上的　草原上的　大海上的诗意
我们的月光啊　你落在哪里哪里就是诗意

月亮你下来　你不下来我怎么上去呢
我不是嫦娥　你下来　我装了一肚子的诗
都是给你写的　要给你朗读　诗人就这一点好
你喜欢听就会开心　我看见月光睡在我的窗外
一晚上都不说一句话　我看见　我什么也没有看见

月亮你下来
我看你洒满乾坤的光芒
就像依附在大地怀里的梦幻
等待追求你的好男人　而不是朝三暮四的猴子
你敢下来他就敢娶你　你们过日子吧
过日子就是柴米油盐醋　过日子的人才能玩到一起

月亮你下来　我们到湘子庙拜见月下老人
他为我们牵线搭桥　凡是永久的恋情

你知我知天知地知　心花从什么时候开的
一辈子如一日　还有比一辈子更长的时间吗
大地的渴望就是床的渴望　春天的灿烂就是爱人的灿烂
仰面朝天的群峰和赤身裸体的河流被你彻夜照耀

2023 年 6 月 30 日

音乐是我响亮而广阔的思维世界

花开花落一场空，莫以成败论英雄。

——题记

一

我从不自卑
但永远谦逊
我已经无话可说
说已经失去了意义

黑暗之中　我们将连在一起
感受到永恒　有了奇妙的思维
用文字记录不同意义的思想和行为
从此诗歌诞生了
延续着人类和历史的灵魂

哦　我的爱人
焕发出埋在心底的热情
为此我们做出牺牲
再伟大的牺牲也微不足道

二

毒气已经弥漫了这个世界
人类危在旦夕
一个时代的屈辱
已经走到渺小与卑劣

我们不要国王
我们只要春天
放弃统治者的自作多情
选择了靠自己的冒险生活
与孤独活着的意义挑战

伟大的死亡
就意味着永恒
她使一个旧世界突然明亮
她把陈词滥调一扫而光

三

沙漠化的身体寸草不生
连爱情都抛弃了　所以枯萎

没有生气的性爱摧残着生动灵活的肉体
当我们失去了性爱的哺育
思想就变得猥琐　身体迟钝
接受痛苦和孤独的抚慰
并且从中找到愉悦

天上那浓重的乌云
为死者庆典　死者以无量的胸怀
将自己的肉体奉献给真理
当暴风雨重读这些青年人的名字
故乡的麦浪就会翻滚　海岸线上
无边的波涛就会汹涌不止

一个个体的生命能抵御得了什么
能抵御了自己就是抵御了世界上的一切灾难
失败让我感到无比的兴奋　我一直在等待着它
因为失败的背后堆满了真理

四

如果有人要杀我
我就让他杀
杀了我就等于杀了他自己
不是我选择了死亡
而是死亡选择了我
我是幸运的　在充满恐惧的世界
有什么归属能比得上让生命停下来更有魅力

悲欢的人生如此正常
晴空万里突然会降下大雨
从庄严到荒诞　从精明到糊涂
难以置信的狂妄和幻想该来就来
生活是有规律的也是没有规律的
起来或者倒下都很正常　过着出尔反尔的生活
才是我们必须面对的真实

倾诉我们的哀愁吧
哀愁就会减缓　哭泣得越多
泪水就会渐渐减少
明天我将同上帝一起出发
乘坐龙马精神　翻山越岭
体察破碎的山河继续破碎

因为追求正义而卧轨自杀的蚂蚁
因为没有受到尊重而跳楼的狗
先于我们得到拯救的害虫
把细菌传染给大地和天空
谁走投无路　谁就不会绝望
谁选择了死亡　谁就会躲过一切烦恼

五

人类拿什么支撑
到处跑动的双乳和高挺的阳具
我甚至不敢听优美的音乐
它把所有神经都调动起来怎么办

我甚至不敢看漂亮的女孩
她将所有的梦幻都悬在空中怎么办

女人摧毁了自己的家园
男人摧毁了整个世界
任何人无法摧毁的童年
战无不胜的童年在每个人的生命中是永恒
看起来被搞糟的生活　事实怎么样了
它使你狂暴或者悲伤　生活就是生活　没有什么对错

来到这个世界从一无所知到担惊受怕　才懂得
必须让生命融入现实的洪流
就像爱一个女人　必须首先进入她思想的头脑
才能顺利进入她的身体一样　感到快乐而自由
一旦写作　精神就获得了自由
就像爱情　它使燃烧的身体充分地舞蹈
呼唤这种忘我的游戏
使紧张到极限的肉体放松到极限

六

生活强迫我们
干我们所不愿意干的事情
这就是现实　它扭曲了每一个人
我们没有应有的生活能力
来满足最基本的生命欲望

我们不得不在毫无办法的情况下

在一天之内多次想象的对象
竟是漂亮的影星或古代的公主
在杀人或被人追杀的梦中完成了一次性交
犯罪是可能的　生存是一条走投无路的路
是一条除了死亡再无法选择的路

七

生活让我们失败　贫穷
高贵或者卑劣　纯粹或者无耻
我们甚至无权选择　这是由遗传或者现实决定
回忆比事实真实　幻想比回忆更真实
这可能就是艺术　幻想是艺术的重要部分

生活就像压在心头的一块冰
无法消融　在那冬天寒冷的夜晚
我们必须拿出所有的热情微笑
用燃烧的火焰抵抗严寒并且忍受痛苦
存在是无法选择的　就像母亲生了我一样
而不是别人

我怕这个世界不辞而别
没有能力应付这个社会的基本智慧
反而招来灾祸与不幸　既然如此
不如沉浸在梦想与美好的空虚之中
我们的相处会达到最充分的境界
这也许就是我一生的追求

八

尖锐的思想
让我的心长满翅膀
在夜深人静时飞向你
纵然千山万水
也隔不断相思的眼泪
我的身体就是灵魂的外衣
我穿着它来到人间
享受世俗的美好生活
让我的才华为了它的美丽
而挥霍一空　给我一点儿颜色
我就能开一座染坊
梦幻出一个色彩斑斓的世界
伟大就在于
让整个世界在你的双手下呻吟
我像一艘小船
在浪尖上轻快地穿越
也许生命只能仰仗锋利的刀刃
来解读惊恐之中的兴奋与快感
苦难与幸福会在方寸之间剥离与进出
改变命运的悲欢离合
相思中那蓬勃而起的情缘
起伏的山峦如同那狂妄自大的乳房
有一个人就住在你的房中
总会有一滴水让青春开放
会让黑暗在沉睡中膨胀
坚定的意志会使时间断裂

像我的海　从巅峰坠落谷底
生命因此在这一刻闪光
让奔流的血液走向天空
使整个生命沸腾
那热情就像柔软的波浪一样
在我的体内一意孤行
填平我灵魂深处具体而真实的沟壑
我拖着无法自持的欲望
将颤颤巍巍的身体　交付给这个男人
这个唯一能打开黑暗
并且使痛苦变成甜蜜的人

九

人啊
健康强壮的身体
常常使生命迷失在一片幸福的黑暗之中
真理找到了
坚定　坚强　坚硬
就像高塔
它是美好的　善良的
永远陷入深渊
不可抗拒的祈求和需要
干旱的土地等待着雨水
白天等待着黑夜
花等待着蜜蜂　音乐啊
是我响亮而广阔的思维世界
一切神秘的祈盼正在揭晓

一边在进行一边又是不会终止的时空
生命在消失的过程中又不断再生的全部秘密

2013 年 2 月 16 日于西安文艺路

双　乳

外表富有生命的特征是最强烈的视觉感染力。

——苏格拉底

一

很久以来
我轻易不敢写出这两个字
怕违反了规矩　怕羞红了脸皮
而我们每一个人
一坠地就把它含在嘴里
从这一只移到另一只

母亲们就是用这样的方法
把我们哺育成人

这举世无双的珍宝
需要每一个人的呵护
沉甸甸的奶水

悬挂在胸前
人类温柔与善良的家园
是上帝想象力的丰收
用这样的骄傲
喂养了一代又一代

你的喜悦与悲伤
写在冲动的季节
姐妹们　在每一个难忘的日子
保护好身体　就是保护好了幸福
保护好你们　就是保护好了人类

二

只有一路上升
才能保持相应的高度
饱满而充足的河流是人类的源头

养育了背叛你的后代
即便知道了背叛还在喂养
喂养肯定不是为了背叛

你相信　总有一天
世界会改变　春天在蔓延

灿烂来自一百个冬天之后

雨水滋润的大地
森林在勃起　懦弱的地方
罪恶欠下善良的债

三

在这个世界上
只有你佩戴着最昂贵的勋章
你就是高入云天的珠穆朗玛

山前或者山后
都围坐着子孙后代　阴阳一家亲
孤独或喜悦　激情必须点燃
有可能陷入更大的痛苦与危险也在所不惜

世界上的美人
有没有高和低的区别
当你拥有了你认为是最好的
是不是你就拥有了完美的歌唱

微风掠过山峦
情欲扫平千年的荒草　大树高冠
天空无声无息　海潮的喧嚣盖过一生荣华
在生命的根部涌动着最初的青春

四

我崇拜我的女人
垂挂的月亮　照耀着无边的大地
风雨中的门　被情欲的手足叩响
迎接美好的繁殖　或者悲伤的生育

浴室的喷头　抚慰你圆润的肩胛
来自地心的水　大河和太平洋
每一个部分的舞动　都从你的波浪里出发
划出快乐的涟漪　展开博大的胸怀

我在寻找什么　爱情或者友谊
大山和冰川　等待接生的胎儿烦躁不安
到目前为止　我还从来没有拥抱过
像你这样超凡脱俗的美人

仿佛游动在空气中
翘首以待的目中无人
煽情的海面上　微微颤抖　人类在成长
而我们用什么来让你灿烂

五

潮水纷纷上涨
这个季节　是一笔巨大的财富
花开得鲜艳　微笑得甜蜜
大家说她是春天　粉红飘香的天地

因为有你
我爱上了这个世界
因为有你　我来到这个世界　母亲
茁壮成长的生与干枯的绝望都从这里出发

一刮风
思念就像脱缰的野马
一下雨就伤痛
泪水像断线的珍珠倾泻而下

用弯曲的身体叩拜
用哀伤的智慧歌唱　张开双臂迎接你们
我的兄弟姐妹　我的列祖列宗
我的先皇先帝　拥抱成功　婴儿呱呱坠地

六

漫长的冬天之后
迎来春天的第一场雨
大地彻底展开　自由的身体
花样年华　一生在释放自己

就像 T 台上的模特
几乎亮出全部　各民族的女人
挑选出来顶尖的美丽　各显其能
无法控制的妩媚　依然在原始的怀中

欣赏者的势利眼　掩盖不住
本能的欲望　冲动不在现场
在卸装之后的某个角落
定音鼓　重金属与玫瑰的文身汇合

主题闪现　两盏明灯指引方向
最勇敢的旋律　柔和的光线缠绕
裸露的肌肤　泉水在流淌　每一个母亲
最终在女儿身上　找到人类的原点

七

亲爱的　一定要爱
爱一个人就是爱所有的人
我想看你骑马的样子
第一次就是这样开始的

被捆绑的自由　无言的忍受
走到了尽头　一座山的重量倒下来
享受过爱情的女人　脚步轻快
微笑着　面对任何苦难

这是一间走不进去的房屋
穿不透的水　把人间所有的希望
寄托在大雁飞过的天空　丝绸的翅膀
煽风点火　因为有你　世界才闪烁

任何黑暗也遮不住

你的光芒　哪怕是在罪恶的中心
冰层下的鱼游来游去
地平线展开　海潮波动

八

葡萄悬挂　光晕涟漪
其中掩藏的秘密　在我的想象中
美人因美得福　或者
因美得祸　都是可能发生的事件

梦中的相遇
彻底颠覆了现实　弄假成真屡见不鲜
人类从来不会放弃　饥渴的源泉
翘首期盼丰收的果实　思念酿成一场春雨

不能松开的双手
只能缠绵悱恻　吮吸升起的生命
我们朝拜的圣山　就在眼前
每一个瞬间崛起　柔软再次苏醒

袒露没有耻辱
只有无限的荣耀
如果愿意　我为你的节日狂欢
为你的黎明骄傲　为你的美丽负责

九

钻石和玉　玛瑙和水晶
无论什么都无法与它相比
它就像眼睛而不是眼睛
它就像鲜花而不是鲜花

它是所有的骄傲加在一起
的骄傲　它是所有的美丽加在一起
的美丽　它享受人生　也承受苦难
它就是爱情　它是生育的光荣与神圣

它需要鼓掌　它需要亲吻
甜蜜继续进行　所有的未来靠近它
就像十五的月亮　献出自己　献出纯洁的光芒
原形毕露　快乐和痛苦往往一起来临

海水荡起的波浪
从心底出发　婴儿和母亲
在生命的起点涨潮　繁殖和裸体
在水中浇灌　在火中铸就

十

终于长大了　丰满的果实
先从春天的大地上
脱颖而出　努力盛开的鲜花
其中的欲望不言而喻

铁打的江山　母亲
如此多娇　英雄折腰
茁壮成长的儿女　瓜熟蒂落
从情窦初开到夫妻生活

真诚是可靠的　朴实无华
免不了被邪恶击中　以及无耻的谎言
带来的寒冬　那温暖的太阳从东方升起
唯一的爱情　沐浴我们的身体

所有的诗人都来赞美你
我首当其冲　在这辽阔的疆土之上
我的掌上明珠升起又降落　我骄傲
我是男人　勇猛和柔情并举的男人

十一

多少次　在关键时刻
我们差一点忍不住
渴望翻过最后一页皇历
冲动的手　偷看未来的日子

其实在月亮的怀里
最需要营养的骄子是婴儿
靠近朝思暮想的等待
在上帝的掌中流淌　倾听天籁

任何时候
你注定要走向高处
金字塔或者秦岭山脉
放射迷人的光彩　进入裸体时代

我们的生活　吸收阳光的温暖
月亮的柔情　高高在上的神灵
谁听不懂女人的召唤
谁就会一辈子吃尽苦头

十二

我没有任何礼物送给你
我就是送给你的礼物
以及生命所携带的思想
还有由此产生的垃圾

这生命的存在
远远超过我们的想象
在水里　或者在空气里
任何地方　它们的喜悦无与伦比

幸福在一步步来临
可以联想到洞房花烛夜的结局
这并非就是完美　还有牢狱或者死囚
远处隐藏的陵墓　山峦和另一种人生

我们被幸运击中　由此展开的生活

在旷野和深山　在草原上延伸
爱情纷纷倒下　智慧站起来
从爬行到直立　装满的是酸甜苦辣

十三

没有风　只有蝴蝶
蝴蝶的翅膀在扇动　只有秋天的夜晚
才会风情万种　缓缓吹来的红袖
弯月在星空　成熟的庄稼飘香

夜深人静之时
呼吸轻轻起伏　平稳过渡到睡眠
美丽是最高级的生命　我不敢怠慢
世界也不敢怠慢　注视着眼睛的眼睛是谁

这雷声刺疼了你
闪电唤起了　你生育的记忆
岁月年复一年　像潮水般涌来
巨浪滔天　直抵大地的核心

金钱把最后的美丽
逼上绝路　希望滞留在终点的美人
所谓背水一战　星火燎原的火
好像一场更大的阴谋　把你推上高潮

十四

露水是香　雾气是嫩
水蜜桃是甜　以及杏仁果肉
她们都在阳光下成长　岁月让她们
从少女变成姑娘　姑娘变成新娘　新娘变成母亲

是名门闺秀　还是乡野村姑
是贵妇还是少奶　是名模还是影星
我只想让　我的女人成为女人
有意思的女人　智慧的女人　美丽的女人

就是这样　身外之物不值一提
我只认我喜欢的女人　一定是情投意合
漂亮是硬道理　善良是硬道理　她们的姻缘
是生命里色彩斑斓的图画　世界上最本质的事物

十五

我一直在惦记　你曾经
遭受战争的践踏和蹂躏
以及饥饿　以及男人的粗野
我的眼睛里闪烁着泪水

因为我的母亲　所受的煎熬
让我的心疼痛　我的生命和嘴巴
在号叫　将快乐全部收藏起来
承受每一个时代的不幸

承受大山一样的压迫
不是三座大山　是一群大山
暴力要给你道歉　战争要给你下跪
上帝来安慰你　如来佛拯救你

而我来触摸你　你的灵魂
手持花环的女神　我们找到了天堂
给我生命　营养　强壮的体魄
大河一样的激情　充满爱情的阳光

十六

人这一生　都会犯这样和
那样的错误　美色无法抗拒
人非圣贤　尽管我们一次又一次
努力　还是抵御不了诱惑

那么细的腰　中国民间说
水蛇腰最好　这种腰　柔软
走起路来像舞蹈　与臀部的对比成凹形
其弯度与高挺的胸相应成趣

能碰上这样的女子　是男人的幸运
即使是有定力的男人　也很难逃脱
理智显得越来越单薄　这与色情无关
与道德无关　只要有人的地方都会有陷阱

十七

就是需要女神的召唤
在每一个重要时刻站出来
迎风而立　楚楚动人的果实
是我的唯一　天外没有天　山外没有山

能抓住一根稻草的人生
已经很幸运了　还有什么好说的
春天的大门敞开着　美死我们
性感的女郎　热烈的女明星

谁也无法预料　这些美人
已经对社会产生了什么影响
人类的科学　如果对每一个女性
做出正确的判断　未来将前途无量

如果没有学会尊重女性
从此就低头认罪吧　走过绵长的黑夜
美丽如此灿烂　她与真理紧紧相连
主持世界的女人啊　我选择与你私奔

十八

让你的男人温暖
并且快乐　就是这样
想怎么爱就怎么爱　只要爱
怎么都不过分　没有实现不了的梦

这就基本接近了人的本性
接近了高贵　高贵就是
在一切利益之外的活动　不预谋
不设计　不策划　彼此奉献

可以断定　这就是爱情
没有设防的人才叫作人
一个真正的人　在权贵和富豪眼里
他就是一个完全彻底的傻瓜

我喜欢这个傻瓜　我生来就
具备傻瓜的所有秉性　我就是傻瓜
我就是那个不由自主　情不自禁地
为你提供幸福　通常被称为性情中人的人

十九

这是一股涌动在心底的暗流
谁在弹奏　谁在拨响你的琴弦
虽然旋律在手中闪烁　却在心里传递
如同幻想中的仙境　胜过一切

狐媚　崩溃就在瞬间
一匹奔跑的马　就是一面飘扬的旗帜
如果能稍加忍耐　一切就会顺风顺水
放纵的后果是　快乐的快乐的快乐

冲动不是魔鬼　我用一生的命
为你的码头　搬运爱情
等待远航的船队　托起午夜的相思
玫瑰花开　就是我的节日

最好相遇　一生一世的追寻
在走婚族的林子里野合　没什么了不起
枕上民族在山岗上过夜　无限风光啊
雪峰上升起又落下　从古到今从来没有改变

二十

可以想得到　美丽的身体
让很多人纷纷落马
水做的女人　可以载舟
也可以覆舟　这句话谁都知道

没有人能够做到恰到好处
没有人懂得节制　细水长流
粉红色的女人　眼泪做的女人
多情妩媚的女人　被看重或者被轻视

如此对称　圆润　光滑
上帝创造了尤物　不断重复
倾城倾国的杰作　谁能抵御诱惑
她们推动了人类　悲剧也不断上演

从来没有被真正读懂

一株草　一杯水　一粒米　一朵花
一定要全心全意地爱　绝不放弃
像母亲一样　呵护婴儿　哺育后代

二十一

虚怀若谷的谷
走投无路　绝处逢生的欲望
敲击的鼓槌　在高原的怀中
我受到款待　父母赐予我肉体

强大的生殖力　温柔的气势
在漫延　绝不能刀枪入库
马放南山　撩开白纱　解开纽扣
一切就会真相大白　大白啊

只有泛滥的海水
只有一望无际的蓝天
勾引我　鱼翔浅底　穿过的岁月
如你所爱　迅速而锋利

谁也包不住纸里的火
谁也拦不住　风光无限的春天
她们在大地上到处跑动
传播爱情啊　绝代佳人遍布天下

二十二

人们习惯将你藏起来　从不公开
谈论　崇拜你　好像是一个耻辱
在布衣和草裙下　在丝绸内　一个悲剧
开始东跑西躲　那是一场禁锢与开放的较量

地球上不仅仅是一些女人
和一些男人　还有很多东西　都是
我们的朋友　地球上到处是山　山脉的山
山峰的山　山谷的山　山水相连的山

我注定要为你奔走一生
你注定要为别人作嫁衣裳
你很美　你的美　让我
不反对你学坏　和你爱的男人偷情

你得到了自由　你可以醉生梦死
你有权利选择尖叫　大笑　哭泣
在人生的舞台上展示风情　或者惩罚自己
留下相聚的快活　也留下离别的痛苦

二十三

你将点燃那火炬
在死亡的季节　留下种子
那些不存在的事物　因你而出现
那些不存在的声音　因你而响起

善良总是处在危险之中　拿起
或者放下　都不容易　人生很难善始善终
似乎永远需要装裹起来　小心存放
只有大爱来临　才会一览无遗

每一次袒胸露背　就是与封闭
保守的一次决裂　每一次心花怒放
就是对密不透风的回击　女儿红
遍地盛开　焕发出广阔的爱意

你冷月亮和热太阳的身体
你柔软和坚硬的灵魂　注定要悬挂
高高在上的灯笼　长城的垛口　武则天的墓
故宫的乳钉　是一个朝代　给母亲发放的徽章

二十四

从有人类的那天起
你就是主角　一开始
你就占领了制高点　占领了
整个部落　主宰了部落的命运

用你的美色　征服男人
所有的掌声都给了你　他们的血管里
流淌着你的风骚　你的色彩
改变了天空　堵死了通向地狱的大道

闪电和大地在交合　起初
我们不知道坚守　不知道方向
只知道为你牺牲　只知道
为你奉献全部感情　青春与岁月

你十月怀胎　生育炎黄子孙
你拯救迷途的马群　没有谁
能够阻止我们　生生不息的爱恋
一望无际的原野　繁衍智慧的未来

二十五

其实　我们一直离多聚少
其实　我们从来就没有见过面
我也一直不敢说　诗人是空想家
于世俗的名利而言　我们是一群废物

虚无是诗人的本质
也许唯有这样　想象的空间
才会无限扩大　思念的浓度
才会发挥到极限　我就是这样

把简单的问候　演绎成
一场浩大的爱情　将一次
巧遇　幻化成一见钟情的事件
舞会还在进行　与通行的假面无关

不要亵渎身体　不要玷污灵魂

不要让身体的任何一个部位
受到伤害　也许伤害是必然的
我正在努力　克服一切阻碍　通向欢乐

二十六

T 台上的美女　走来走去
她们是人中的　尖子　种子
天生的美人胚　衣服架子　美丽的
一点儿都不真实　像仙女也像妖怪

女人有硕大的臀　生儿育女
不成问题　男人有一把力气
养家糊口　农民工　矿工　士兵
他们在危险的地方建设和保卫家乡

男人就是这样　才能对得起
八面来风的爱情　要崇拜那些
受过大苦的人　热爱那些创造财富的人
关心失业者　援助无家可归的流浪人

走过绵长的夜晚　与你来相会
有月亮还是没有月亮　都不重要
贫穷还是富裕都不重要　有你陪伴
早上起来鲜花盛开　感恩的心坦然跳动

二十七

坚定地向你走去
前进是天堂　后退是地狱
没有人强迫你　做出选择
没有人愿意成为罪人

在悠扬的音乐中
打开或者不打开是你的自由
让天使走出来　让美重见天日
进不进洞房　完全由她们自己决定

解救还没有来临　灵感装在
子宫里　真正的自由还没有开始
人类的问题是　该做的没做
不该做的天天都在做

少一些抱怨和愤怒
随时献出自己　微笑或忧伤
火一样的热情　水一样的身体
给人类添一把香料　增加更多华贵

二十八

健康的女人　不可一世
从始至终彬彬有礼　一滴水的恩泽
跳跃的小腿　披散的长发
绵软的双手　扭动的胯　引人注目

无法预料的未来
美丽的未来　是神秘的未来
那是一朵花的命运　美丽啊
是这个世界上　最强大的力量

没有人能够打败她
到目前为止　她统治了一切
包括你　和他　和我　在美丽面前
谁有问题　谁就会自己打败自己

就这么一点点　有或者没有
大不一样　走了几千年　人类的羞耻感
变成了无耻　自己绊倒了自己
自己的手　把自己推向了悲惨的边缘

二十九

就是要相亲相爱
用眼睛或者手　用整个身体
温暖地阅读高原　大河　蓝天
反反复复　每一遍都有收获

让那些麻木　痴呆
处在混沌状态的人苏醒
按摩师在人体上辛勤耕耘
“随风潜入夜　润物细无声”

睡前或者醒来之后
都会有不由自主地亲近
在这场相互拥有的战争中
各取所需　受益的是人类

如果要爱情　伤害不可避免
如果你来到这个世界
就注定要死亡　让死亡永恒
让腐朽的大厦坍塌

三十

就这样走了　丢下我们
岁月失去了光泽　只有叹息
像黑暗的冰层　有时哀伤
有时愤慨　谁奏响了你的乐章

以后的日子　靠什么去支撑
也许有一线希望　但没有温暖
微笑也是僵硬的　铁和斧头的冷漠
黎明的尖叫　唤醒成熟的梦

天下的大地　黄昏后响起
哪怕是最简单的词语　都要准备
整整一个冬天　等融化的雪
流淌成河　歌唱才能从午夜出发

谁也没有料到　潮水来得过早

无法抑制的冲动　接二连三
哑了多年的舌头　也能开口说话
不要指望做爱　能解决一切问题

三十一

八月是匆忙的　如同
你的月亮　饱满成母亲
妻子　女儿的脸庞　我相信
她们的光芒把我照耀

纯洁　寂静　安详　在这个夜晚
中秋节　团聚的日子　欢声笑语中
还有多少游子　泪流满面
还有多少家庭　妻离子散

摇篮曲　会使婴儿熟睡
我愿意在你的怀中　想起神话
想起那个奔月的嫦娥
想起那个捧酒的吴刚

我被那桂花酒灌醉
我被那玉兔牵引着行走
喜悦在高处　也在底处
我们生命中不可抗拒的火焰

三十二

对我而言　诱惑我的女人
就是我崇拜的女人　成也女人
败也女人　永远的冰清玉洁
装满圣水的宝藏啊　拒绝不堪一击

不怕一万就怕万一　总有
失败的时候　这是一朵与月亮
完全不同的玫瑰　这是一款与太阳
完全不同的温暖　需要轻拿轻放

做爱情的俘虏　该有多么光荣
苍老算什么东西　我是你的孩子
不要用时装掩盖你的真相
揭开谜底的时刻已经来临

海底的鱼　穿行在水的空间
呼吸之间　手起手落　我一贯
钟情的粉红色　暴露在世界的面前
一个成熟的女人　就是人类的目标

三十三

我看到　旗袍和唐装
比基尼和婚纱　典雅的晚礼服
裸奔的人群　招摇的妓女　私会的情侣
都厌倦了多余的装饰　厌倦了繁文缛节

一出场就引起轰动　这个象征着
自由的歌手　是人类声音的统帅
永恒的焦点　走到哪里　哪里就会欢呼
广场上的女神啊　摇滚歌手的狂野

你站在刀尖上　你的处境
代表了正义　真理　公平的幸运
我一直整装待发　为梦幻赴约
我的努力　讲述了我的渴望　为世界发言

人类在成长　归根结底是一部爱情史
一个国家的意义　也不过如此　母亲
你给了我生命　与一切邪恶拼搏的权利
思想的力量　灵魂的光芒　让我为此肝脑涂地

2011 年于西安

小　妹

伟大的女性引领我们上升。

——但丁《神曲》

一

小妹　我的小妹
每天清晨醒来我就想起你
长发遮挡着半个脸的小妹

红旗下长大的小妹
已经丰满成硕果累累
谁能阻挡得了你的诱惑啊

小妹　也许你还在熟睡

可是春天已经降临你的床头
蝴蝶飞舞啊　蜜蜂在吟唱

是谁将你揽入怀中　是谁
招惹了你　本该不流泪的花儿
美丽的眼睛里下着悲伤的细雨

小妹啊　我的小妹
只要呼唤着你的名字　就是给
久旱的土地以甘露　给饥饿的天空以乌云

小妹啊我的小妹　你是不是也在祈盼
我的目光像一支多情的箭
飞抵美人的陷阱　将沉寂的爱情射穿

二

小妹漂亮　像电影演员
凡是好女人的特点她都有
她是左邻右舍夸赞的对象
超过西施　貂蝉　杨贵妃

在我的同行里只有小妹
把我叫大哥　她是那种单纯的
让人心疼的女孩　有时候看到她
我心跳得厉害　想对她说点什么又没有说

小妹怀孕了

脸色红润　光鲜粉嫩
虽然肚子还不大　走路的节奏
明显放慢　胎心在跳动　生命在成长

小妹柔弱　像一朵花　像一只绵羊
现在她就要有自己的小羊羔了
她是我们的公主　易碎的高脚杯
需要保护　需要关爱　需要轻拿轻放

三

早想给你打个电话
可是一直没有打
我知道　是我心里有鬼
没有那个胆量　自己又放不下

其实　我心里的鬼
也就是看你顺眼
想在节假日问候一声
祝你幸福快乐　仅此而已

你连我的这些想法都不知道
因此我痛苦　我想对你说
我们的生活中　还有另一个生活
它是生活的一部分　丰富多彩

对我而言
这些话只能在电话里说

在你面前说不出口　紧张得不行
这种感觉很好　就像初恋

也许这个电话　一辈子都不会打
这样想一想　就已经很好了
就让它保留在心里吧
一辈子　两辈子　三辈子

四

春天还没来的时候
小妹就感觉到春天了
小妹把胳膊露在外面
寒冷的风吹在她的身上

小妹就是春天
冬天里的小妹也是春天
春天里　她是第一只飞出的蝴蝶
在这里停一停　在那里站一站

头发蓬松的小妹
像刚刚开放的一朵小花
在田野上迎风而立
开得很灿烂　一点儿也不着急

小妹在春天里奔跑
像流淌的小河　浪花在跳跃
在歌唱　多少双眼睛和耳朵

都被她的美丽拴在了一起

五

在没有确定　这种香
是不是从苹果的身体里
散发出来之前　阁楼上的鱼
飞行的方向依然模糊

这方圆的芦苇
在一片寂静的枯萎中
寒流席卷着残存的记忆
这个冬天　是全世界的冬天

你芬芳的青春
在时代绿荫的庇护下
忍气吞声　光明离你很远
你能把握艺术　但你把握不了自己

燕山上被砍伐的白杨
运河上游移的船只　在断流中搁浅
小妹啊　土地在逐渐地死去
还有空气　阳光和意志正在消失

六

网友问我
你写的小妹是谁

那我就告诉您
如果问我的是女性朋友
那就是你

小妹离我千里之遥
从未见过面
但我们的气味如此贴近
每一次呼吸
都在寻找对方

万里晴空之上
我将雨后的白云
揽入怀中　我愿意画地为牢
我愿意孤独
梦幻未来

哦
你怎么能知道
我不会想你
你怎么能知道
我天天都在想你

七

迎春花开知时节
窗前喜鹊三五声
谁家有女难入眠
凉茶冷屋伴红颜

蓝天白云风吹过
山川河流舞翩跹
人间真爱面对面
情有独钟修成仙

八

春天来了
万物复苏
小妹换上了新装
鲜艳的红　在城市盛开

一朵飘逸的花
引人注目　小妹啊
百分之九十九的时候
通情达理　端庄睿智

只有百分之一的时候
也使点儿性子　跟她的
男人闹别扭　小妹说
是女人都闹　不闹还是女人吗

小妹的眼里不容沙子
每年开春　小妹怕她的男人
和别的女人打情骂俏　嘻嘻哈哈
就常常给她的男人敲警钟

她的男人说　敲是可以敲

但不能太过了　敲蒙了不要紧
万一失手　敲死了怎么办
小妹就笑得前仰后合

九

1
才女善粉墨
好男懂胭脂
眼下一片白
空对夜半痴

2
隔岸观沧海
翻山遇知音
美人踩莲来
情种上高台

十

真正的爱情都是绝望的
这是一种什么理论
我也说不清楚

我只知道
一旦真爱了
就会忧伤　痛苦
爱情更像是一种疾病

远离爱情　离得越远越好
在适当的时间和地点
在不远不近的地方
看一看就可以了

不敢走近
不敢　一步也不敢

十一

小妹从眼前走过去了
走过去了就走过去了
错过就错过了　人这一生
很多事情擦肩而过

人活一辈子
没有应该是什么样子
不应该是什么样子
是什么样子　就是什么样子

谁都会渐渐变老
变老就变老了　不变老
就成妖怪了　老也要有老的样子
宽容慈祥　一团和气　有求必应

小妹也会变老
可是小妹就叫小妹

小妹变老了还叫小妹
小妹永远不会变老　就是这样

十二

你满世界找　找不到
那个你幻想出来的单纯
忠厚　又才华横溢的少年
你需要一个倾听者
翻译你的声音
然后　给求爱者播放

你美丽得一文不值
就像没有交易价值的空气
它却供养着人类和山峦

谁能唤醒你
本来就澎湃的青春
谁能将你的火苗喂饱

大地是谁的
谁能买得起天下　那无边的渴望
海水的蓝和草原的绿

十三

你如果是大海
我就是潮水

在浪花盛开的地方
我们相会
抛弃江山
脱去沉重的晚装
真正的天使
和灵魂一起飞翔
我知道
痛苦里藏着快乐
谁也关不住满园春色
鲜活生动奇迹般的美丽

十四

如果隐藏得好
有些事　不会有人知道
有些地方　不会有人再去
快乐或者不快乐的往事
被岁月秘密封存

风吹不着
箭穿不透
光照不亮
始终如一的沉默
孕育着一部人间的史诗

需要一场更大的风暴
把你卷起来
掩埋上一场风暴

七彩的羽毛　在蓝天上狂舞
等待猎手　等待玩火的人

十五

一朵玫瑰
在法兰西赛场上
开得如此灿烂　奔跑　跳跃
舞蹈般地移动　点亮异国的天空

十三亿人心所向
掌声起伏　呼唤如潮
那是来自故乡的眼睛
热泪盈眶的祖国

赢下最后一个球
你兴奋地倒在红土地上
庆祝胜利啊　智慧的李娜
在领奖台上亲吻金杯

我们永远记住　2011 年 6 月 4 日
这个值得骄傲和纪念的日子
在你的微笑中绽放　大哥祝福你
女王气质的小妹　大家风范的小妹

（献给法网女单冠军李娜）

十六

如果你同意
我把我送给你

因为爱　生命如此宝贵
因为爱　可以舍弃一切

宁愿让太阳掉在地上
也不能让你失去飞翔的翅膀
见到你　心里的冰化成了水
离开你　心里的水结成了冰

十七

你就是那个邻居的女孩
我们共同拥有的青春岁月
已经一去不返　一切渴望
无法在一瞬间得到满足

从不放弃的时尚
诱惑每一天的生活
可能现实与理想针锋相对
但并不可怕　幻象有益健康

你要走出家门　海滩辽阔
日光浴的吊床上　有浪漫
有浓郁的生命迹象　每一对情侣

都睡在大地的怀抱

天天都在梦中　灰姑娘
变成了公主　水晶鞋　晚礼服
甚至昂贵的内衣　与一切美好的事物
暧昧不清　你亲手解开世界的纽扣

十八

如果贪图享受
追求豪宅　宝马香车

如果高攀权势
奴颜婢膝　损人利己

如果养尊处优
不劳而获　寄生他人

我养不起　养不起一个成语
金玉其外　败絮其中

养不起一瓶昂贵的香水
养不起九十九朵玫瑰

十九

今天　阳光真好
从你上初中的学校门前走过

可以想象　你的少女时代
风华正茂　纯洁美丽　活泼可爱

校门外那个杂货铺
一定是你买冰棍　雪糕
冰激凌的地方　你总是蹦蹦跳跳
有说有笑　蝴蝶结在秀发上歌唱

情窦初开的你　暗恋过谁
语文老师　还是港台歌星
就是这样　一定又有别的男生
喜欢你　考试的时候他偷看了你的答卷

你是学校的校花　写诗
画画　平衡木上的公主
好多年以后　你还是那么单纯
生活欺骗了你　你还对它充满了热情

二十

不要理我　即使看见了
也要假装没看见　要忽视我
我需要被遗忘　在你的十指间漏掉
安静是我一生的理想

如果暴躁　如果狂野
那也是我自己的事　与你无关
我会在冰河里　为身体降温

我会成为一座雪山

现实生活中　我一团和气
也很笨　所有的小窍门都不会
甚至愚蠢　同事们笑我　不懂生活常识
可是一写诗就来劲　谁也拦不住　嬉笑怒骂

二十一

你若是粉颈香肩
拖地的长裙　半裸着出场
迷倒的男人不在少数　你若是
活在自己的幻象之中　就深藏闺房

如果你习惯被赞美　赞美
一旦停止　你就会痛不欲生
如果你习惯被歌唱　歌唱
一旦停止　夏天和冬天一样寒冷

纰漏总是会有的　每一个人
都不会逃脱　问题是
我就站在这里　等待你开放
闻一闻散发着奇香的花瓣

不是古董　不是文物　不是花瓶
我的无价之宝　你来自哪里
优雅　聪慧　卓尔不群
你的缺席　使天地黯然失色

二十二

小妹也爱逛街　双休日
独自出发　打扮得朴素
典雅　有大家闺秀的气质
又散发着青春活力　新潮现代

小妹在换季期买打折的品牌衣服
碰上特别喜欢的　反复试穿后
还是放弃了　她认为　只买对的
超出消费能力的消费不适合自己

小妹逛累了　坐在面包店
要一杯橙汁　或者一杯咖啡
慢慢享用　如果买了一堆东西
她就会打电话　让老公来接她

他们习惯了　一出门就手拉手
习惯了相亲相爱　今天是小妹的生日
我给她买了一朵玫瑰　一心一意的一
小妹说　就一枝　足够了

二十三

小妹爱诗　写诗
小妹不多说话　端庄　纯净
小妹坐在那里　就是一首好诗

小妹的眼睛里有水
闪烁清波　迷人的涟漪
扩散到哪里　哪里就有故事发生

写给小妹的诗
小妹不知道是写给她的
小妹说　小妹是谁

小妹有个好哥哥　是朋友
是知己　也可能是恋人　可是
她把自己蒙在鼓里　蒙在鼓里啊

他们不会不知道生命的奥秘
他们谁也不说出来　他们在等待什么
难道小妹不是小妹　大哥不是大哥吗

二十四

谁也挡不住我的爱意
我要跪下来　跪下来
向你求婚　如果你不爱我
我也只是个病人　而不是罪人

请原谅我　除了美丽
把你当作土地　真理与公平
人生如戏　戏如人生　不管
结局如何　我绝不开口质问苍天

你看天上的大雁
“好风凭借力　送我上青云”
只要我活着　就要行使自由的权利
自由写作　自由生活　自由恋爱

去那些没有被发现的荒原
在孤独处建奇功　对我而言
你才是绝对的新娘　引导我们
攀越障碍　占领高地　迎接胜利

二十五

当我们彼此欣赏　必然
会虚构一场大爱　花前月下
还是灯红酒绿　都不是
应该在海边或者草原之上

能够跑马的心胸与辽阔
那是离天空最近的地方
云里雾里　信马由缰　随它而去
此生没有遗憾的事情了

三十而立　四十不惑
五十知天命　等到耳顺之时
才晓得活明白了　还来得及赶赴
那个真正意义上的人生舞台

小妹啊　演出才刚刚开始
青春如此鲜艳　豪华的爱情
看起来够你挥霍一生的美丽
其实不然　细水长流才会经久不衰

二十六

其实　我是一个
一直找不到自己的人
找不到自己的人　才把自己的生命
交给别人　把希望寄托在别人身上

爱情也如此　当我
看到心爱的人　就会忘我
这样　恐惧就会自然消失
孤独　以及无依无靠的身体有了归属

你就是我要找的人　见到你
我就疯　你的善良　你的美丽
会医治我的疼痛　伤害在缩小
伤口在渐渐痊愈

小妹啊　我一直在寻找自己
而我在哪里呢　我是谁　从哪里来
要到哪里去　我过去一无所有
现在一无所有　未来也一无所有

二十七

箭在弦上的日子　找不到靶心
疼痛难忍　只有把身体
全部放下来　束之高阁
置之不理　才能安全度过每一天

手中的琴　弹奏的乐器
穿过无数岁月　在特殊时刻
只感到快乐在一点点远去
忧伤在迅速来临

不知道该说什么
是幸运还是灾难
如果每一秒钟都是梦幻
这样的意义又是什么呢

来这个世界究竟为了什么
等待和迎接什么　解决什么问题
我知道　用大部分时间克服困难
而在一瞬间得到幸福　提取智慧和精华

二十八

我们将完全融入生活　不得已
在现实中抛弃现实　用自己的舌头
舔干伤口上的血　谁也不会
给你准备好公平和正义　幸福和快乐

人的一生　就是对生命的考验
最好的标准不是荣华富贵
最惨的结局也不是穷困潦倒
不是大象就威猛　不是小鸟就柔弱

每一次收获都是自己的汗水
天上不会掉馅饼　天上
更不会掉真理　每前进一步　都要
付出全部生命　没有人关注你的不幸

你的祖国历史悠久　文化灿烂
那是古人的辉煌与骄傲　已经成为过去
与我们无关　重要的是现在　今天
此时此刻　我们做了什么　小妹啊

二十九

一个人　是以社会的需要
或者是以他人的需要而活着
如果没有人需要　你就是一个废人
我们常说　无用之材　要你干什么

我喜欢服从　因为爱
捆绑自己　因为爱　宠幸你
你可以在我的怀中兴风作浪
你可以在我的家中横行霸道

我们往往在梦中　才能得到
不受伤害的人生　无拘无束
命运才能握在自己手中　世界的中心
是一间小屋　是小屋中的一张大床

满山的蝴蝶　是自由的
想怎么飞就怎么飞　风是自由的
想怎么刮就怎么刮　没有人能
控制它们　翅膀说　在风中流浪吧

三十

一只小鸟从窗前飞过
他从未见过这么漂亮的衣服
在这个未知的世界　他猜想
那是一只喝黄河水长大的鸟

它的鸣叫可以理解为歌唱
也可以理解为饶舌　那要看听者
此时的心情　歌唱就是绽放
如同汹涌的海水　开屏的孔雀

被需要是快乐的　即使是天空
布满乌云　大地总要被闪电照亮
没有人敢说　这不是一种渴望
火山要爆发了　谁需要它的岩浆呢

一切都所向披靡　它们陶醉

在想象的舞台上　美丽飘浮起来
悬在头顶　双颊绯红　眼睛放光
饱满的青春年华　撕开寂寞的夜晚

三十一

把身体交给大海　交给高原
交给可以托付的男人　美是大家的
吸引爱慕者是我们的工作和天职
生命的存在就是对人类的贡献

一方水土养一方人　赌徒和哲学家
孤僻者　怪异者　同性恋者　畏罪潜逃者
都是我们的兄弟姐妹　我们担心
在金钱的高压下道德沦丧　人性全面崩溃

可以信赖的时代不是富裕　好男人
不是因为有钱　也不是有权　而是有
爱心　有智慧的男人就是钻石男人
你睡下来　世界睡下来　安枕于黑夜之中

小妹啊　在你出生的这个城市
是十三朝古都的所在地
多少伟大的诗人云集在长安
歌颂　衰败　来来去去地哀叹

三十二

你有一个宏大的生育背景
从炎黄兄弟二人开始　祖先们
从来没有放弃自由与爱情的追求
民族的辉煌与苦难并存

祖国没有生你　故乡没有生你
生你的是你的母亲　女娲与伏羲
十月怀胎啊　周秦汉唐　从老庄到
孔孟　从貂蝉到贵妃　地上地下都是典籍

美丽是人类的核心　而谁也不敢保证
核心不被强暴　蹂躏的永远是弱者
在你筛选的众多对象中　最爱你的
是站在离你最远的那个人　他一无所有

小妹啊　在那高挺的山峦之上
你滋养着蓝天　岁月成为我们永恒的崇拜
大地的深处　等待装满丰收的夜晚
月光照耀的冰雪　是你缓缓降落的圣体

2007 年 11 月 20 日至 2011 年 8 月 20 日

午夜的玫瑰

真理终于开口，让那歌声唤醒沉睡的美人。

——题记

一

六十年过去了
今天才发出请柬
我的土地　我的家园
家园里的女人之花
让我们狂欢

请原谅我的过错
故乡的大山和河流
庄稼和树木　漂亮的兄弟姐妹
还有灌醉我的信天游和烈酒

请接受我的道歉
你高高盘起的长发
在黑暗中行走
照耀我生命里流淌的鲜血

谁收留天下
梦中舞蹈的姐妹
心灵之魂啊盛开
风中飘飞的花香

二

爱到极限就简单了
赤裸裸的
仿佛智力在下降
白痴一般燃烧
自己却没有发觉
常常自说自话
遭到攻击　受到伤害
甚至危及生命
真正的爱情就是这样
必须付出沉重的代价
不放弃正常的生活
怎么会有不寻常的奇葩

三

你要劝说我

让我抛弃幻想
放弃拯救我的途径
可是我从不拒绝
拒绝是最直接的毁灭
你要苦口婆心
像对一个小孩
把我当作你的儿子
一定要耐心
伟大的女性啊
你要让我远离毒药
远离炸弹
远离像你一样漂亮的女人
女人有可能变坏
男人有可能堕落
它们的区别
只是对象不同
时间地点不同而已
谁敢说婚姻是干净的
谁敢说婚姻不是交易
都说念念不忘必有回响
可是回响在哪里呢
你要说服我
让我不要爱你
让我知道你的美丽是错误
我的欲望是我的罪
如果你说服不了我
美貌就是你的罪
你要说服我

让我安静下来才是你的智慧

四

拥抱着小提琴
拥抱着狐狸尾巴
拥抱着高脚杯的身体
这盛满欲望的容器
演奏优美的旋律
喝醉人的酒

芬芳的秀发飘扬着青春的气息
蝴蝶的翅膀在飞行
煽动着诱惑的舞蹈
在情海的波浪里漂流

我们一起来
劫持这个世界
在苦难的岁月
彼此喂养相互满足
达到共享的快乐

说翻脸就翻脸
这就是人类的本性
没有谁愿意主动放下屠刀
我们改变不了什么
但我们一定要改变什么

五

白泡桐
如此高大的树冠

全身是花而没有叶
仿佛大团大团的白云
遮住了蓝天

空心树
挖空心思地爱
圣洁的花朵
丰富贫乏的世界

六

贵妃池旁
秦王墓前
微醉的石榴沟
张开绿色的怀抱
阳光下枝叶繁茂
雨中灿烂的花朵
迎接秋后算账的情人
漫山遍野的红玛瑙
用心浇灌的冲动
年年留情
岁岁牵挂

七

这个年龄
进入了生命的高度

生存方式要改变
该放弃的要放弃
舍得江山啊　舍不得美人

一生在纸上谈兵
没有轰轰烈烈的事业
也没有惊天动地的桃色

说什么无毒不丈夫
而我是小丈夫
半夜不怕鬼叫门

该给谁的就给谁
不后悔所有的选择
苍老在春天微笑

八

有些想法
不急着说出来
让它在心里
埋藏得更久一些
就像酒

存放的时间越长
就会越香
存放在心里
风吹不到
雨淋不着

九

情人节
我不能将一束玫瑰亲手给你
我只能将心遥寄
我不能将你托起或者放下
轻轻地爱抚
或者热烈地亲吻
我只能孤独地相思
将自己的生命遗忘
为了看到你的微笑
我必须走进最深的黑暗

十

终于找到了
午夜的玫瑰
燃烧成绚丽的彩虹

春风刮起的时候
我是寻找陷阱的人
没有悲伤和眼泪

一切痛苦都流入大海

让事实说话
语言只能画蛇添足
紧紧抓住救命的稻草
一直歌唱到天明

即使死在冰冷的枪口之下
也要躺在你温暖的怀中
不在虚幻中等待

十一

每年的一月或者二月
我一定要去看你
我在梅林里转来转去
像跟踪一个深爱的女人

我凑到你的跟前
闻到了你的体香
香到让人昏迷的地步
于是闻了又闻不忍离去

一年一次
探访知己
我不敢忘记
带上真诚的心

终于破碎
同时向上升和向下滑的感觉
就要死了而又没有死就这种感觉
离得很远很远的时候又好像就在身旁

十二

我不相信
我把土地都给你
你还让我交出锄头

我把大海都给你
你却不给我一滴水

我把森林都给你
你却不给我一棵草

我把江山都给你
你却要我交出性命

我相信强大的内心
会让整个世界颤动

你可以剥夺我生的权利
而我心灵的自由你永远不可能拿走

真理开口
歌声唤醒沉睡的美人

十三

风已经刮起
穿越冰雪的红唇
无形的手解开大地的衣裙
抚慰高挺的群山

沉默的高原不再沉默
耕牛遍地　土地苏醒
不同肤色的人种
被呼号的猛兽一路追赶

柔软的小草贴近草原
森林茂盛　高原蜿蜒起伏
旅途的河流在吟唱
阳光在水面上闪烁

无边的疆土
被倾盆大雨覆盖
大地不断怀孕
生育在每时每刻

登陆的潮水拍打着
多情的彼岸繁衍子孙后代
一切都在等待　等待虎啸
发出地动山摇的号叫

准备好你的美丽
爱情已经出发　只管献出自己
一遍又一遍　世界上不怕重复的事物
只有爱　爱养育了爱　请你做爱

十四

我已经两鬓斑白
牙齿松动　欲望脱落
请接受我的道歉
没有坚挺的胸膛
没有高扬的头颅

相爱是两个人之间的事情
与别人和道德无关
永恒的意志会时常勃起
尖锐的思想会挺身而出
愿意或者不愿意都是最好的选择

王公贵族有他们的快乐
平民百姓有自己的欢愉
相爱不是一场战争　是和平共处
相遇不是一场灾难　是享受快乐
生活方式与精神风范永存

2013 年 5 月 27 日于西安文艺路
2014 年 6 月 9 日改定

永远的女人

上帝打开的一扇窗户
所有的风景等待你的到来
用一生的经历也走不完的隧道
情欲多么迷人　如果一切
不是被我们搞糟了的话　前程一片光明

永远的女人是世界的希望
这些移动的花朵　像一群奔跑的天鹅
无孔不入的美丽啊　用一生的爱
守护着这所人间的乐园

水中游动的鱼啊
光滑的身子纯净而洁白
在世界的中心　在人类的伤口之上
开出的是鲜花　喷出的是火焰
流淌的是血　是滋养岁月的泪水

不管是爱谁都是爱
不管是生育谁的孩子都是生育
把身体和灵魂全部献出　放纵的女人
单纯的女人　失去理智的女人
都是我的女人

谁没有被女人感动
谁就不是真正的男人　谁就没有创造力
不管是白皮肤还是黑皮肤的女人都是女人
为我舞蹈的女人　为我尖叫的女人
容易暴怒的女人　都是我的女人

女人早已被打碎
从发明了货币　从有了利益之争
人性逐渐退化　人类就开始走下坡路
渴望与背离就成为可怕的陷阱

永远的女人用爱展示风采
如果真正崇拜了女人的裸体
就不会有战争　就不会血流成河
让相互残杀的手重新选择和平
选择拥抱　选择最基本的生命传递

永远的女人是生命的源头
却被我们损坏　一个任何人
难以进入和打开的谜底　变成地狱之门
永远的女人因为哀伤而犹豫
一个苦难的叙述者　一个委屈的怨妇

从此被赶出家门　沦为街头的流浪者

永远的女人是最后的家园
承受粗暴的蹂躏　完美的子宫
用来充当传授苦难的工具
被毫无节制的捕猎和砍伐摧毁

永远的女人用最后的经血
生育并哺养了人类的罪恶
用自己的生命昭示了最原始的文明
永远的女人只有一个目标
那就是爱　用爱说话　用爱行动
哪怕这爱正在孕育一场邪恶与阴谋

永远的女人　为爱情而杀人的女人
为爱情而被杀的女人　被虐待的女人
因为贫穷而卖淫的女人　被强奸的女人
都是需要被保护的女人　都是我的女人

永远的女人是我的女人
简单而明快的女人　爱大笑的女人
漂亮得让人无法抗拒的女人
双唇微开　多情而性感的女人
与真理并驾齐驱的女人都是我的女人

我的母亲是女人　我的姐妹是女人
我的女儿是女人　我的女人是女人
爱所有的女人和爱她们是一样的

都是易碎品　都是需要轻拿轻放的珍宝

永远的女人支撑着这个世界
即使你爱了一万个女人
也没有一个女人爱你　不愿意留在你身边
你也要爱她们　感激她们
因为她们让你发现了美　发现美就是伟大

把身体给了我的女人
就是给了我真理的女人
美丽的死亡就是女人的死亡
善良的死亡就是女人的死亡
每一次高潮的来临都是真理的再现

永远的女人是生命的节奏
是人类共同的节奏　是一条大河
无边的河床延伸着无尽的欲望
让裸体的演奏家演奏裸体的乐章

永远的女人是大海
是为我敞开胸怀的女人
永远的女人是玫瑰　谁不懂得爱抚
谁就不懂得飞翔　不懂得爱在空间之外

只要读懂了女人的眼睛
你就会明白　男人不是来摧毁世界
而是为了疼爱万物　男人为女人创造幸福
女人需要强壮的男人　智慧的男人

才能将全部的神秘彻底展开

没有女人在身边
你的世界就会变得一团糟
谁不知道围绕着这个基本问题
谁就不知道怎么说话　怎么向上帝开口

寻找永远的女人　上刀山下火海
经历不同凡响的人生　不断地给予
而不是掠夺　占有　征服和伤害
才会呈现出和平　安详　宁静的状态

永远的女人　今天是你的生日
全世界的玫瑰都给你　给你一个梦
抚平流血的伤口　在所有的狂欢节
我只说出你的名字　像月光一样迷幻
那是一个既响亮又柔弱的传说

人类有必要回到母亲的子宫去
再一次接受黑暗的洗礼
等待光明的审判

假如不能使女人快乐
就不要娶她进门　假如你陷害了一个女人
那就去死吧　死亡是好男人最后的尊严

迎接女人　走入女人的河流
让她们感受快乐　让她们歌唱

让她们热泪盈眶　让她们起飞
化作一片云　一滴水　一道七色的彩虹

让她们回到水里
让她们回到无忧无虑的草原
回到蓝天　回到金色的梦想之中
就会给你千姿百态　风情万种

再不道德的爱也是爱
再失败的爱情也是爱情
再不美满的婚姻也是婚姻

女人没有错　错的是那些男人
女人的错也是美丽的　女人有充分的理由
惩罚那些虐待她们的男人　让他们
下一百次地狱也是理所当然的事情

审判者永远是女人　审判的对象
永远是站在审判台上的男人
男人只有彻底清算了自己的罪行
才能回到女人身边　才能用圣浴过的手
抚摩女人圆润而波动的肌肤

男人只有彻底清算了暴力的行为
才能亲吻女人色泽柔和
并且自动开启的双唇　哦
热爱永远的女人　毫无保留地爱她们
装满爱情的大海才会接受生命的漂流

感谢手术刀下开合自由的美人鱼

酷暑纳凉的女人在阳台上
摆动着自己的裙子
风暴来临之前
雨水像一则童话
名媛贵妇们
终究不可能整天在空调下生活
饱满的前胸很难保持一动不动的状态
更不可能在阳光下走动
娇嫩的肌肤使色狼们晕头转向
子夜这个生命交替的时刻
需要谨慎行事
我正在异乡的客栈独居
思念我的爱人　被一阵疼痛惊醒
毁灭是生命的全部
淑女显现出黑暗的背面
清晰的形体啊　高雅与金钱毫无关系

我迷恋于你的细枝末节
能使思想更加潜入问题的核心
带着你的长吻走遍世界
每一天独自熬过苦闷的长夜
我是上了麻药的病人
在手术刀下不知疼痛
使沉重的思想变成轻佻的嬉戏
这个季节　成熟的事物在分裂
水果的表皮突然敞开
领受一份冲动的幽会
漫游在天边的精神世界之中
灰色的脸开始移动
这是我们早已预料到的
似乎有泛红的色彩在土地上扩大
像一个少妇在出门之前
就想好要穿一件粉红色的上衣
越是靠近河流的地方
美人越美　春天就会早早来到
两岸的树干长得很高
就差你眨一眨眼皮
它就会伸出手将你拖入洞房
这风正轻轻摆动着麦穗
当你走近镜子
镜子都会为你的美丽尖叫
镜子说　美人啊　你使我大吃一惊
在我的一生中
从来没有见过这样的漂亮
一个修辞的背后　潜藏着无尽的歧义

我占有了空前绝后的悲伤
岁月的箭射中了我的左胸膛
我不缺少胡思乱想
我缺少晴朗的天空
缺少活着的岁月
以及手中不应废弃的鲜花
在孤独的日子里　我急需痛饮
才能使干渴的肉体平静下来
我不会闭着眼睛把时间拒之门外
我在博大的胸怀中畅泳
就像在大海里一样
波浪起伏的节奏为上路的人送别
哦　草原的腹地
展开我烈马的鬃毛
风中飘扬的爱在歌唱
我不配得益于某个美人
而我却可能获得整座妓院
我的眼睛里容不得半粒沙子
而你将大片沙漠灌进了我的身体
我已经深深地退回自己的内心世界
像一支箭　像一个囚犯将心事彻底关闭
我不会走进任何人的思想或者生活
我感到艺术是那么的贫乏
没有朝气和活力
所有的人都在浪费自己的生命
把无耻的生活和平庸的肉体说成是一场爱情的革命
爱情降低到金钱的交易
爱情已经失去它往日的光辉

失去了正义的支撑和激情
以及行动的威严与迅捷
如果我们还有必要相互倾诉
那么就过来让我把玫瑰播种在
你的秀发上　让我摆弄头顶鲜花的额头
以及开放成明亮的黑色眼睛
谛听那小提琴婉转而诱人的声音
缠绕在爱人心上的花蕊
那么现在我只有和音乐谈论悲伤和痛苦
亲吻幻想出来的佳人
她们每一个都是鲜活的
正在舞蹈着的稍纵即逝的音符
即刻就形成又即刻就离散的优美谐调的形体
哦　人类啊
不断在苦难中汲取了神的力量
汲取无穷无尽的创造力
他们会感受到音乐吗
人类的智力无法窥视的思想
神秘的思想正在蔓延
它将记录人类精神世界的另一部史诗
它走得如此遥远
以至把人类抛在了后边
音乐永久地把一只手伸向光明
把一只手伸向黑暗
音乐在这两者的尽头
在我们对视的一刹那
在物质与时间这一共存的空间
存在着并消失着

这就是作为音乐思想的存在和秘密
它的价值就在于一部分人认为它毫无价值
一部分人认为它无与伦比　绝无仅有
真正的生活是一种最具艺术思想的创造
就如同音乐　假如没有音乐
世界将怎么继续　假如没有爱情
生活怎么继续　懊丧的生命就会一落千丈
给予她并从她那里得到
她知道我需要　爱情永远风靡
有时世界在我的眼里失去了它的物质意义
一个没有崇高情感的人
就不会理解别人的崇高情感
我生活在哲学里　排斥与此无关的一切
如果说我自私　我承认
因为这个自私是为了整个人类的精神财富
我在创造一个奇迹　非如此而不能实现
所以我离群索居　隐姓埋名
暂时脱离了现实生活
事实上是更接近了生活
痛苦也是我的财富
让我的想象力触摸未来的时间
在我的生活中　精神大于平庸的物质
平静的小提琴　演奏是一块阴凉之地
它会使岁月锁住脚步　悬在空中
它会使静止的月光一层层剥落
像鲜艳的花瓣突然凋谢
初秋还有夏季的影子
就像一个智慧的女人

到了晚境也会风韵犹存
本质上的伤害
会使幸存的一点儿友谊
荡然无存　你假如不是我的唯一
那么爱上你就不是爱上了全世界
而是爱上了一条美女蛇的回旋与起伏
世界未来的恐慌往往会使人的背脊发冷
生命在间歇的大海中动荡
我的眼泪寻找宽广的河床
寻找体内新的节奏
舞者的丝绸就像拍水击浪的美人
让人感到美丽和性感
在蓝色的天空上
你感到紧闭的双眼是两个透明的彩球
在裸露的大海那里
她每天向升起的太阳示爱
波浪在翻腾在跃起
每一秒钟的快乐损害着无谓而平淡的生活
我在等待被潮湿的夜雾淹没的太阳
它满脸灰尘诉说不幸
也许女人就是万丈深渊
而肉体是剧毒
我有幸看到她最完美的表演
死亡并不可怕
在那个人类共同走进走出的鬼门关
巨人和平凡的人一样
在那个黑色的草坪上欢快地跳跃
这是阳光经过的地方

那里积累了大群的太阳的能量
我发酵的思想像潮水一般涌向海滩
涌向遥远的地平线
托着太阳刚刚沐浴的躯体
瞧　少女们
你们是雨季里鲜活而生动的花朵
匆匆忙忙在大街上行走
欲火掀开千重枷锁
把想法告诉她们
把这个想法注入体内
狂妄的身体　你得到的同时
也正在失去　你们也一样
不会有无休止的幸福
快乐之后就是丢掉了灵魂的时刻
就像一个游手好闲的醉汉
欢喜和疼痛同时展开
嫁人或者不嫁人
都在增值
唯有爱情在贬值
今夜
我孤独一人
而我得到的是整个世界
哦　为我而生的女人
打开通体透明的时间
我赞美的语言已经穷途末路
这个唯一风光秀丽的故乡
仿佛世界有了你才具有存在的价值
唯一让我可以温存的地方

感谢手术刀下开合自由的美人鱼
湿润的语言在大地的怀抱成长
流浪　奔跑　歌唱
哭泣到天亮的忧伤

2012 年 3 月改定

第四辑

诗意人生

CALVIN TOMKINS
DUCHAMP

时间是一匹快马

我知道你就躲在我的身后
我知道你是在和我捉迷藏
我知道一朵花　即使开在荒山野岭
也是鲜花　没有人知道的美丽也是美丽

我知道你就在地球的某一处
寻找我　等待我　迎接我的到来
我也在寻找你　翻开每一天　每一小时
每一秒钟的脸　仔细阅读你撤退的脚步

我知道大树背后的那个女孩
就是你　你偷看我苍老的岁月
满脸皱褶　满地落叶被风刮起的秋色
我知道　蓝天上飘过的那朵白云就是你

这个世界上没有什么了不起的事情

没有什么天长地久　脆弱的爱情
就像易碎的玉　风雨中备受摧残的花瓣
人世间没有完全的理解　只有彻底的误会

坦荡两个字容易说出　而又有谁能做到
真正有博大胸怀的人　一定是圣人
圣人离我们多么遥远　我们竭尽全力
都无法抵达　何况有人在制造灾难与战争

世界如此宽广　而我们又能走多远
心是无限辽阔　这没有错
真正能容天容地的人谁见过
我们的生命浪费在什么地方了

我知道你就躲在我的心里
我叫你　喊你　你就是不出来
不出来见我　你是公主　等待的是驸马
而我是布衣　是一匹山野里奔跑着的野马

我知道你就是那个瞬间的奇迹
一定会来临　把生命演绎到极限
那些梦中的呓语　那些不容分说的缠绵
在每一个夜晚走向盛开的舞台

我知道阳光下灿烂的微笑
被钢琴反复弹奏　三连音迫不及待地奔跑
那些舒缓而又激烈的音符　被连线
编织起来的珍珠啊　组成了多么强大的力量

它们能推倒一座大山　能击中
罪恶的阴谋　使柔软的变硬　坚硬的变软
它们无孔不入　通过耳朵占领你的心脏
把你的灵魂请出来　请出来善良与爱情

很久没有打动我的小提琴了
想你想多了　脑海里就会生出很多是非
迫不及待地打开琴盒
揭去盖在你身上的丝绸

17 世纪的一位意大利小提琴手
在她的长裙下　美人鱼在水里出出进进
仿佛那是广阔无垠的大海
碰上对的人　就会生长出自由飞翔的翅膀

这是一位无与伦比的琴手
他拨弄着琴弦就会发出妙不可言的音符
你是我永远的宝藏　创造一个女神
随时随地都可以顶礼膜拜

谁能知道　这里是什么地方
高山上开满了野花
地平线起伏的山峦叠嶂
可以联想到你身体的每一个部位

召唤翘起的臀部
和高挺的双乳在不停地颤动

笔直的悬崖下出现了一只狐狸　它的细腰
翻山越岭　经过了平滑的腹部堕落在那片草坪上

一眼清泉涌动的溪水　突然出现
你迫切地吮吸那乳汁般的甘露
仙女修行的山洞里　双管齐下的晚宴上
找到了世界上最伟大的名器

你知道永恒吗　你知道死亡吗
阳光　大地　蓝天　河流
风在吹　水在流　树在动　鸟在飞
婴儿在降生　老人在离去　那就是时间吗

时间是一匹快马
每天在我们的眼前穿过
你跟她在一起的时候天黑得很快
时间是你头上突然发现的一根白发

时间是一株嫩草　是一棵大树
是老屋里破损的墙壁　是少年的张狂
是盖头下的新娘　是点亮又熄灭的一盏灯
古城堡啊　是我们一去不返的青春

时间是张开口准备说话又没有说
是一条河　是废弃的老井　是一只苍蝇
是一个犯罪的案例　是不断被打碎
又不断愈合的伤口　是生与死之间的一段距离

时间是人头攒动的广场　是一个男人
和一个女人私奔的腿　是一群人
与另一群人的战争　是空气　空气中的
思想和行动　是伸向你的一双手

时间是我的女人　没有她很痛苦
但也能凑合着活下去　经常在半夜里惊醒
时间是等待　是一个人对另一个人的思念
是为一个完整的睡眠而不断奋斗的过程

时间是在苏联和东欧把独裁打垮了
时间是我把自己给打垮了
时间啊　我用舌尖按响你的门铃
我用鲜红的对联刷新你的未来

时间是胡须悠长的老人
时间是常睡不醒的自杀者
时间是大海　是她怀中的每一朵浪花
是快乐　是忧伤的　躺在棺材里异想天开

时间是一个硕大的子宫
她搂着我　搂着地球　搂着宇宙
战争与和平在她的怀中　江山和美人在她的肚子里
让我骑着这匹快马穿越时空吧

2004 年 11 月 15 日于西安龙首原

与音乐无关的呼吸

时间在远去
好像越拉越长的相思
时间也在身旁
永远有纠缠不清的麻烦
时间像黄土高原
堆积得越来越厚
我们都会越来越老
比同龄人显得更老
老得像一座大山
像一条不知名的河流
谁也不知道它的性别和年龄

人常说
日久生情
谁也不会例外
一个脆弱的人

往往也是一个多情的人
一个既拿不起来
又放不下去的人
一定是一个不适合在现实中生活的人
也没有必要继续存在下去的人

谁都知道俞伯牙和钟子期的故事
每天都有人拿着自己的琴
去古琴台走一趟
看有没有听演奏的人
或者看有没有好听的音乐
耳朵在等待
每天不去一趟
就好像日子都过不成了
心不甘
也不死心

到现在为止
谁也不知道他的姓名
是男人还是女人
当然这并不重要
重要的是友情
自我的感觉
梦幻与想象的魅力
谁能屈服于日常生活的爱恨情仇呢

从古到今
人气很旺的人

大家对他的评价很好
这是辛勤耕耘的结果
就像在田野里守望的农夫
他的庄稼在成长
他的人生切中了要害
抓住了生命的本质

谁都会佩服这样的人
既朴实无华又华而不实
你的《高山》
你的《流水》都留下来了
让我们惊讶得拍案叫绝
而更喜欢古人的气节
为了一个知音
毁琴祭奠

凡是天才
都因为具有了天地的灵气
又善于思考与想象　勤奋且机智
一位伟大的音乐家
如果没有伟大的欣赏者
那伟大的音乐必将被埋没
那该有多么不幸啊

这不是吹捧　是崇拜
正直的人就是这样
不仅独善其身　还会追求博爱
我们都是靠技能生存的人

一天不练琴就心不安
就没有饭吃

网络时代使世界变小
所有的沟通如此简单而方便
想打个电话问候一下
又怕谜底一旦揭晓
失去了神秘感反倒没趣
是男孩是女孩并不重要
也许不知道最好
有些悬念需要永久珍藏
珍惜那些与音乐无关的呼吸

就是这样
不闻不问
不理不睬
不视频
不见面
世界这么大
也大不过想象力的深远
海洋再宽广也宽广不过人的心胸
丝绸再细腻也细腻不过无声的牵挂

猜来猜去多好
像音乐的世界
像优美的旋律
像浮动和跳跃的音符
来来往往

飞上飞下
忽左忽右
谁能抓住那个思念
那个疯疯癫癫迷迷糊糊
一个正在飞翔的亲吻和拥抱

假如你是女子
一定是婀娜多姿
风情万种
假如你是男子
一定是敏捷果断
才华横溢
如果到现在
还判断不出你是男是女的话
这辈子就永远无法判断了
也许
你就是那个
具备了男性又具备了女性的人

一个优秀的音乐人
思维必须复杂
复杂才会丰富
表达到生命的极限
简单是人的品质
善良是人的道德
这些我们都需要
不知道你是否渴望狂欢
渴望把生命的意义发挥到淋漓尽致

渴望爱情的刀刃锋利而闪亮

当我们相聚
或者阳光明媚
或者阴雨连绵
或者雷鸣闪电
或者大雪纷飞
都是最好的相遇

当我们相处
或者悲喜交加
或者多疑猜忌
或者相见恨晚
或者白头偕老
或者半途而废
都是最好的结局

苍天啊
志向一定要远大
远大也是问题
渺小也是问题
任何两个人在一起
都会充满了矛盾
不相信人与人之间有真正的理解
相信　因为爱情
而包容彼此的缺陷和不足
才能地久天长

不相信有伯乐
不是不合作
因为伯乐是另一个人
靠另一个人
来完成的事情
永远是未知的
而相信有奇迹
奇迹靠自己来完成
还是有把握一些
尤其是个人写作
就像音乐创作
谁也不知道思维的秘密

风华正茂
还是饱满健康
知书达理
还是会唱会跳
上帝是公平的
在上帝面前
我们都是婴儿
没有伪装和欺骗
赤裸裸地面对一切
就是上帝喜欢的孩子

2007 年 11 月 20 日于西安

都市大逃亡

进入广场
就进入了城市的核心　进入了
繁荣的市场　随处可见的假乳高挺着
男人们的眼睛和手掌　真心诚意的笑　顷刻间
变成了一张铁铲　在水泥地板上播种

新世纪还是老样子
不值一提的东西
没有根的草坪上躺着没有根的臀部
伪装的情感一旦卸下包装
就是一摊稀泥　松散的肌肤
丧失了弹力的大腿和肚皮
沦陷成一口枯井　一具金钱的容器

整座城市的人都疯了
没有不失态的　没有不失眠的

没有不算计的　没有不抱怨的
黄昏降临　暴力和凶杀四处出击
唯一的花朵在尘埃中开放
被尘埃中的尘埃欺凌与占有

谁把生命一眼看到尽头
谁的生活就会更加破碎
谁追求真理　真理就会离谁更远
命运就会向悲剧的方向走去
既大步流星又穷途末路
在所有问题的边缘地带冒险
有可能被驱逐出境
成为背叛祖国的人

一切都被纳入商海
商战中的滚滚浓烟
熏黑了多少颗本来是鲜活的心
那些腐败的人以为自己是英雄
挺着隆起的肚子到处游说
走上了注定要走上的断头台

在前辈的呵护和关爱中
现代文明的摇篮里
摇出了一些贪官污吏
摇出了奴性十足的蠢材
哦　出类拔萃的吹鼓手们
却成了唱响天地的明星

少女们刚刚离开妈妈的怀抱
还不会飞翔　还来不及成熟
来不及把每一片花瓣盛开
来不及享受一下青春期的自由
就强迫上市　推入交易的需求
上帝啊　请告诉我
月亮是为了照耀谁而升起

我们要做出最坏的打算
在身无分文的情况下突围
为了守住一条河流
守住灵魂深处最后一道防线
做出抉择　必要的时候牺牲自己

那些不懂得勤劳致富的人
从来没有亲近过土地
不会耕种　不会织布　不会捣衣
不会生育　只会在床上贪图享受
吮吸精液的寄生虫啊
我们要离开你　远走高飞

放弃用智慧建造起来的肿瘤
放弃不生长庄稼和野草的闹市
放弃一旦发动就不会停下来的庞然大物
什么时候才能把你彻底铲除啊
犯罪和卖淫的不法分子
正在培植怪胎和白痴的乐园

我们在人造的污染中享受污染
我们看着别人的富裕享受贫穷
我们自动取款被迫消费
我们很多人死于无法医治的疾病
我们提心吊胆　我们忧伤而恐惧

我们是离开了土地的树
我们是离开了水的鱼
我们都病了　我们万万没有想到
我们居住的这座城市比我们的病更重
母亲啊我要问问你
不可救药的究竟是谁

我担心金钱的铁蹄
会践踏大地上的每一寸土地
我担心少女们的梦幻会破灭
小伙子的理想会搁浅
而我的种子撒向何方
饱满而多情的壮志
何以找到它最圆满的归宿

哦
在大河的两岸　我徘徊很久
还能找到谁　让我对她说爱
我就是那片永远漂流在空中的树叶
始终无法着陆　愚人节我最大的谎言
就是让自己死去
好在葬礼上与你见面

穿超短裙来　还是穿露脐装来
都市里最后一只蝴蝶啊
我不知道什么样的服饰
才能配得上你光芒四射的青春
那抖动着快活着的生命啊
是这个封闭的古堡中
唯一让我难以割舍的东西

在我之前
生长一丛丛墨绿色的幽静之处
早已被几千年前的游魂洗劫一空
我们喘息　在一片尊古的欢呼声中
我们只能喘息　把青春期的活力封存好
释放一泻千里的创造与暴怒

古老的城堡拖累我们实在太久
我们为什么不能离它而去
投入林中　归入大海
流浪之路是我们的归宿
荡起小船走向无边
拥抱希望的黎明　敲响未来

一群大山的背后
激动人心的事件正在发生
蚂蚁搬倒了山　地平线在延伸
草原的怀中马群正在奔跑
只有你啊　飞雪和寒流袭击了我们

西北风呼啸而来
唱出肉体的疼痛　唱出春天
唱出天外飘来的声音与回旋

没有正义感是这个时代的集体堕落
一切非正义的东西就生长在它的养分里
利令智昏者都会变得愚蠢
他们急于把别人的财富窃为己有
所以他们丑陋　因为他们变得残酷无情
所以他们苍老　因为他们变得诡计多端
我知道我是拿胳膊肘碰大腿
拿火柴棍和大炮较劲

我乞求过着平等自由的生活
要活得像一个人　就要做自己想做的事
就要敢于说出自己想说出的话
这就是英雄　与皇帝平起平坐
与日月同升同降

一年四季我与舒喘灵气雾剂争风吃醋
我们共同拥有一个情人　她叫哮喘
我的血管里大量地输入氨茶碱
疾病要我的命　我就不停地分给它一些
只要活着　拉琴写诗爱自己的女人
就是生命的全部幸福

风暴是一群真正的女人
她们在高原上　她们在海啸中

她们在没有人间烟火的地方
她们兴奋不已　她们迫不及待
但是她们不会停下来等你
纵然她们也会像桃子一样成熟
也不会停下来等你在她们的双乳之间
寻找快乐　寻找温存　寻找爱情

听到呼唤的时候
我正在床上　虽然是白天
我也会体验到孤独与痛苦的骚扰
你不再给我自由　我们就分手
爱情是以相互赠送自由为基础的一项运动
既然我们无法做到　我们就分手

春雨在任何一个地方响起来
温柔的小手就会贴近大地
贴近每一粒发育的种子
于是真正健康而纯净的爱情开始了
乞丐这个阶层永远需要革命
需要在资产阶级这个温床上重建家园
然后在家园里栽花种草　吟诗作画

我们不再去想那个销魂的地方
那曾经是多么缠绵的战场
征服与被征服的较量
我们不再去想那些甜蜜的地方
那曾经是多么温柔的情场
甜蜜的地方往往百孔千疮

那么就让我们躲起来
在每一个黄昏和黎明躲起来
躲开凶杀的现场　躲开广告　躲开垃圾
躲开废话连篇的文章　躲开伪现代化的魔爪
彻底躲开　彻底消失　彻底毁灭
到母亲的子宫里去　重新回到黑暗

汽车的轮胎爆了
我们换车　从这一辆走向另一辆
我们听到了轮胎爆破的声音
我们听到了一声号角
汽车轮胎爆了　乌云下一声号角吹响

整个人类走向迷途也是有的
鱼死网破的时候也是有的
在这个华丽的废墟上谁有干净的手
强食者将弱肉吞噬殆尽
难道真理真的会偃旗息鼓
难道罪恶也有它永远存在下去的理由
在这个怪物面前　我们不寒而栗
走上快乐的逃亡之路　寻找生存　寻找新人类

1999年作于西安龙首村

不紧不慢的快板与慢板

作品一号

1

谁也不明白岁月的心思
我们不需要更多的理由
就能放弃大半生追求的目标

大地将所有的东西收留
在一切已知之外
还想要一些什么样的秘密

什么力量促使我们
能远离这繁华的闹市
在一处僻静的草屋阅读春天

创世的英雄早已被欲望抢占
没有剑客的时代是没有哲学的时代
剑客隐于荒原与大漠之上

2

往前走 还是向后退
这是一个两难问题 与
活着还是死去　一样难以选择

释迦牟尼的一生
用四个字可以概括
阿弥陀佛　或者普度众生

来还是不来
去还是不去
一切在变幻莫测之中

谁的命由谁来把握
别人都是旁观者
牢笼紧锁　谁能逃脱

木鱼在敲
不管什么样的节奏和旋律
都在宇宙的棋盘之中

3

突然想起死水微澜这个词
突然悲伤就涌上心头
突然有了离世的感觉

一辈子不可能有很多高潮
高潮之后怎么办　是另一个问题
我们需要解决最基本的问题

这是由你引起的争论
死亡　在你未曾出现以前
这个世界相安无事

4

我们的药在谁手里
春节就要到了　病情还没有起色
不着急重逢　等待树的消息

我只在意你　我以为
你是可以抵达我梦境的所有幻想
孤独的小巷　恰如你我的忧伤与吝啬

我的心是空的　不打算在心里摆放东西
就让它空着　三五十年　就这样空着
不能让任何东西占有　空着　空到底

作品二号

我一直在回忆你的过去
把你的微笑和痛苦都给我
我是大地　承接你的身体

把你的一切都打开
包括消退的意志和懒散
把你的错误给我

把你不想给我的也给我
我为你写一首好诗
留住你的青春和美貌

给我吧　包括你凋零的花瓣
枯干的叶片　我一起收藏
我是你的博物馆　展览馆　纪念馆

作品三号

尝试过多种姿势
翻来覆去　就是睡不着
我失败了　像一个运动员
进不了最后的决赛

我愿意是那个
被历史的车轮碾碎的顽石
被时代和现实忽视和埋没的人

我愿意是一个被女人抛弃的男人
被女人抛弃的男人就是我现在的样子

在我的想象里
孤独是一定的
然后垂头丧气　无精打采
也许这时候不堪一击
或者因为遭遇严重打击之后
反而有丧心病狂的力量

即使失败了　也不能停止前行
只要能走出这一潭死水
就能把恶魔丢在身后
前头也许不再是险滩

我不会过多地思考了
就像一盏将要熄灭的灯
热量渐渐散去
仿佛月亮被掏空
太阳被打洞

作品四号

夏天
我看见一个女孩
丰满的女孩
在广场站着
很自然地用双手

将自己的双臂拍了几下
这个举动在稠人广众之中
似乎不太合适
其实这个动作
更像是在家中洗澡之后
在老公面前的一个动作
也许她忘记了
自己是在大街上
接着来了一个男孩
走到她的面前
用左手给她一桶饮料
右手在她的屁股上拍了拍
然后一起离开广场

作品五号

如果真正地认真起来
从你懂事以来
就得和那些不公平的事
打一辈子的官司也打不清楚

如果是这样的话
你还过不过日子　结不结婚
工作不工作　学习不学习
写作不写作　活还是不活

一个正直和善良的人
生在一个崇尚腐败和不公平的社会里

他从生下来就一直受伤害
到死才能停止

谁也有妥协的时候、
可以宽容　但不能忍受　我想说
如果公平像西藏的天一样蓝
像盛开的白云一样就好了

作品六号

如果所有的感情背后
都埋藏的是金钱　财产　权力
那么生命的尽头是什么
冷漠的世界和悲惨的人生

作为一个女人
庄严肃穆　不苟言笑
可能活着就好像死了
扼杀了朝气蓬勃的青春

把欲望遮蔽在厚厚的衣服之下
它郁郁寡欢　隐入孤立无援的深夜
说实话　即使她身陷险境
也不会自救　别人也不会拯救

作品七号

雨水终于来了

春天的惆怅可以集中起来
相思也可以集中起来
唯有欢乐是缺席的贵客

古而有之
秀才们见面
赋诗作画　饮酒玩耍
对于我　那是奢侈的事情

我们没有这个兴趣
现代人失去了古人的风采
从来没有建立起优雅的品格
梦想往往在未成年就被打碎

还是听听这雨声吧
这是情人之间的秘语
还是怨妇的哭泣　如果都不是
那就是洗刷人世间不平的圣意

作品八号

他就摆在那里
不是谁给分了什么座次
没有不得了只有沉默

真正的大师
不是丢人现眼的小丑
不是既得利益的小人

大师勤奋　坚忍　沉稳
既智慧又单纯　只要阅读他的作品
它就会改变你的生活方式

作品九号

回陕北
走在黄土高原上
好一个蓝天白云下
起伏连绵的山脉　自由自在

回陕北
走在黄河之水天上来的地方
走在到处弥漫着酒香的
地平线上　任我游荡

回陕北
走在陕北民歌的声音里
走在剪纸和秧歌的队列中
哦　我的乡亲父老

作品十号

爱
不是一个人的事情
它是一个人无法支配
无法独立完成的

它需要一个对象
和你一起奉献快乐
一起迎接困难
和排除险情的对象

一起度过苦难的岁月
并且没有任何怨言的人
这个人　就是你的爱人
你爱这个人　这个人也爱你

作品十一号

其实
人类比野生动物
好不到哪里去

多少年来
一直在克服动物性
结果怎么样呢

动物就是动物
动物就要像动物的样子
你想高级也高级不成飞禽

但区别总是有的
我们比所有的走兽聪明
可是更会伪装　更凶残　更危险

作品十二号

没有比逃脱
更有吸引力了
只剩下那些
让我们伤心落泪的事件

在百花盛开的季节
内心却装满了枯枝败叶
该腐朽的谁也挡不住
排山倒海似的崩溃

也不总是那些守旧的东西
可能垮塌　相比之下
新生的东西　如果不加以保护
很容易成为残花败柳

留下来的也不总是青春年少
而是那些并不年轻的文字
可是它一定是鲜活的
只要你打开它阅读

所谓的传世之作
就是这个东西　它把死去的时代
死去的思想　死去的人
死去的记忆复活了

作品十三号

庄子的妻子离世后
很多人前来悼念
亲人们痛哭流涕
而他却敲着瓦缶唱歌

不是庄子不痛苦
而是把痛苦化解了
不是庄子不悲伤
而是把悲伤融化了

不是庄子不正常
而是他把不正常变成了正常
这就是庄子啊与别人不同的地方
把死亡读懂了　想透了　看明白了

作品十四号

如果突然发现
整个生命都是错误
走在与正确相反的道路上
自己会怎么想

如果想帮助别人
结果却越帮越忙
就像是背上痒痒
却挠在了屁股上

腰疼却把膏药贴在了腿肚子上
爱一个女人却把她给害了
一切似乎都不太对头
这一定是什么地方出错了

偶然才是历史的真实
谁能说出生命存在的准确意义
一切都在预料之外
变数才是世界运行的本质

作品十五号

人不轻狂枉少年
要想得到你应该得到的
就应该吃尽苦头

那些令人鼓舞的女人
往往站在队列的前排
仿佛在风口浪尖上跳跃

哦　一个优秀的人
要承受世界上最尖刻的语言
永远为出现的风流韵事而准备

把自己拉出来
写出来　唱出来
献出来　这就是你要的人生

作品十六号

从伊拉克到利比亚
再到叙利亚
以及伊朗
他们的人民
遭受或将要遭受的战争
那无疑是一场灾难
而那些当权者
也许只是为了个人的面子和兴趣
宣布开战
然后
把那么多的活人变成死鬼

作品十七号

允许搂着腰聊天
拥抱着睡觉　那么
她就是你的爱人　仿佛
那个发光的太阳照耀着大地

爱情　不只是一场
床上的战争　而是体现在
方方面面的生活方式　渗透着
一切高贵与庸俗的常态

那些相濡以沫的时光

像梦中的情人在眼前一晃
就再也见不到了　把恍然大悟
和无稽之谈放在一起　就是一生的时光

作品十八号

理解你的人
已经远去
人生的不幸
就是做对了的
别人却认为是错
生命中最闪光的东西
却认为是耻辱
也许谁也没有恶意
而那也是可悲的遭遇
如果成为不了自己
就为自己的不幸哭泣吧

作品十九号

最不能忘记的
是一幅你的肖像

我也想不起
具体的眉目
只是一个轮廓

细节是关键

摆在你我之间的问题
是一条河

两岸的风景
一目了然　你看到的时间
和我看到的时间完全不一样

作品二十号

很久没有歌唱祖国了
我要放开嗓子
祖国是土地
祖国是民族
所拥有和居住的领土
祖国是山川河流　是天空和大地
祖国是没有阶级的
祖国是自然
就像空气　飞禽走兽
谁也不可能诅咒土地
抱怨大自然　如果有人抱怨
说明他脑子有病
我从来就主张
赞颂天地万物　人性的善良
批判邪恶
那些连一句好话都不愿送给别人的人
你能指望他为祖国做些什么呢

作品二十一号

我躺下　好像有什么东西
跟进来　围拢着我
重重地压在身上　就要睡着了
仿佛迷迷糊糊之中
有两个人用关中方言对话
我的身体在深水中下沉

有人在说
让黑暗进来
黑暗就真的进来了
像一张看不清的脸
又像一块墓碑　冷冰冰地
可是那些汉字曾经是有生命的

总有紧张的时候
胃开始疼痛　年轻的时候
每一次做爱之前　都是这样
好像一次大战来临
士兵背着枪支弹药的感觉
仿佛约会是一次死亡

作品二十二号

打开一扇门
我轻轻地进来
或者是痛苦地出去

我等待那永远刮不完的春风

这是你的味道　春雨里开放的鲜花
你的颜色　你舞蹈和仰望的姿态
丢失了的再也找不回来
就像流逝的岁月

打开任何一扇门
就是打开一部长篇小说
从细节开始　到悲伤处结束
人生无非是恋爱快乐　思念忧愁

作品二十三号

我说的话
谁也听不懂
我想的问题谁也不理解
我做的事谁也不知道

日子就这样过下去
一天又一天　白了又黑
黑了又白　来了又去
不怕重复　不怕侮辱与损坏

我不管住在哪里
都是外乡人
我是没有故乡的流浪者
我是客居在地球上的外星人

作品二十四号

我们穿行在大地之上
自从有了人类以来
每一代都和我们一样
沐浴阳光　接受土地的恩赐
大地需要多少财富呀
才能养活这一代又一代的人类
而人类从来就没有安生过
不懂得知恩图报也就罢了
还战争不断　烧杀抢掠　无恶不作
搅得整个世界都不得安宁
我常常在想
它已经成了宇宙中的公害
谁来收拾人类　管理大地的神在哪里

作品二十五号

能够忍让的人
不是软弱
恰恰是因为内心强大
才有能力宽恕和包容

不善于强攻的人
不是因为胆小
是因为他知道
真理在自己一边

不必相争就可以获得胜利

不大声说话的人
不是声音不洪亮　而是怕惊扰了别人
必要的时候他会一展歌喉
就能一鸣惊人　他给你幸福
并且把痛苦转换成快乐

作品二十六号

你曾经在我的生命中
成为一个完整的句子
现在这个句子断了

一个若隐若现的声音
像一些梦中的片段
一些支离破碎的画面

告诉我　出发的日期
拒绝反应迟钝的性感
而柔软的事物并不简单

我是我自己的湿地
绿色的冲动与原始的生命
把河流一样的身体给谁

作品二十七号

早晨来临　一天开始
太阳升起　或者阴云密布
快乐或者痛苦都是人生

女人起床　梳洗打扮
清洁工把街道打扫干净
为过上好日子忙忙碌碌

不怕苦　不怕累
相信未来有个好结果
没有人愿意垂头丧气地生活

美丽的感觉很好
无与伦比的是爱情
张开臂膀　迎接想要的春天

有梦想总是对的
这个信念要流传下去
快乐永远是人类的主题

作品二十八号

一条河
永远在我心中流淌
那就是故乡的河
两岸的庄稼地和小树林

树上的鸟儿　鸟儿的叫声
在我的耳边回响
我的身体曾经浸泡在这条河里
感受到它的温暖和柔软

当黄昏来临
我就会为她燃烧
在每一个季节
每时每刻都会想起
即使不在我身边

亲爱的
我们总会有相见的日子
阳光把土地照亮　大地为人类生育
你的好胃口　期待冬天的冰雪
你奔腾的巨浪　带走四季的悲伤

作品二十九号

最近脑子里
老出现“死亡”这个词

在生存这条路上
谁也不会离它太远

究竟在哪里出了问题
在出问题之前　谁也不知道

知道了也来不及解决
这就是问题的关键

就像一天的轮回
谁能阻拦白天走向夜晚

作品三十号

地球毁灭了
我们干什么　这是个问题
我们想想　原来没有地球的时候
人类在哪里呢

再过若干年
上帝会把我们
赶到月亮上去吗
上帝高兴未来有救了

很多人疯了　剩下的人
离疯也不远了　谁怨声载道
四面楚歌的城池　墙头上立着无数个贪官
依然在贫瘠的土地上作威作福

作品三十一号

在一个先进的地区
女人可以受到尊重
一旦女人受尽侮辱和践踏

这个民族就处在最危险的时刻
她们战战兢兢地勒紧裤带
以防那些野蛮的男人突然袭击

最无耻的是那些政客和奸商
他们利用权力和金钱诱惑女人
使其成为他们玩弄的对象
面对这么一些人渣
一定要让他们受到惩罚

还有那些逆来顺受的奴才
还有那些利欲熏心的野心家
还有那些趁火打劫的地痞流氓
他们正在形成各种邪恶势力
围堵勤劳勇敢的劳动人民

作品三十二号

她笑起来
身体微微抖动
就像一阵轻风
把一树灿烂的桃花
吹得更加灿烂
一个女人
需要男人坚定的目光
这是一种营养
使她更美丽

作品三十三号

感谢父母的生育之恩
感谢生命给了我诗意的灵魂
感谢右手　写出那么多好诗
感谢左手　在琴弦上自由地舞蹈

感谢我的爱人　我们彼此善待
共同寻找幸福　有时吵吵闹闹
既锻炼了口才　又增进了思维
感谢获得快乐　享受丰富的生活

感谢河流　阳光　空气
感谢浇灌　照耀　呼吸
感谢大山和平川　天空和小鸟
感谢月亮　扇动着纯洁的翅膀

感谢美丽　也感谢苦难
感谢帮助过我的人　也感谢
制造麻烦的人　这就是世界
感谢有缘相聚和离别的人

感谢思考　思辨　批判
让我走在正确的道路上
感谢想象力　让我学会飞翔
感谢飞翔　朝着伟大的理想

感谢一代接一代的父辈

感谢一代又一代的儿孙　有了传承
人类的香火才得以继续　感谢死亡
生命就是这个道理　旧的不去　新的不来

作品三十四号

我的一生　最大的成功是
没有为钱而工作　一是懒
二是没有这个天赋　当然
过清贫的生活也需要勇气

赚钱是世界上最难的事
俗话说　钱难赚　屎难吃
把别人口袋里的钱放进自己口袋里
不简单　更需要超人的智慧

全力以赴获得超越的秘籍是
首先要失去具体的自由
追求想象中的艺术自由
或者是梦中的自由

这个时代离我很远
生存就像一场梦
而艺术创造却变成了现实
它是我生命的伴侣

作品三十五号

我对我的诗说
我舍不得让你走
不是因为优美的言辞

我对小提琴说　我爱你
不是因为你的身体
也不是因为你的歌唱

它们不是我的情人
比情人更感动的
也不是我的亲人

它会出现在我的梦中
是我心里的那个爱人
是身体不能完成的事业

作品三十六号

如果不讲
生存的任何意义
那就是寿命越长越好
中国有一句古话说
好死不如赖活着
像我一样老态龙钟　千疮百孔

享受一定是生命中

不可或缺的部分
但又不可能只是享受
对生命的解释
不同的人有不同的解释
怎么理解都没有错　错是一种感觉

每一个生命都是独特的
不可能整齐划一　但战争是错的
战争是毁灭人性的
人类能走到今天　主要的办法是
一边打仗一边造人
人类的对与错　现在还不能完全说明白

作品三十七号

犯了罪　销毁证据
还是没有销毁证据
证据就在那里　证据
是插在罪犯心脏上的一把刀

最好不要犯罪
犯了罪　犯人不管是活着
还是死去　证据永远在那里
证据是藏在体内的定时炸弹

犯了罪　假如没有人发现
证据也会是随时发作的剧毒
它与主人如影随形

即使到了坟墓　也会证明有罪

作品三十八号

大地上的山川河流
是先人们居住过的家园
他们在土地上种庄稼
盖房子　娶妻生子

土地上响起了炮火
为了漂亮的女人　为了占领
更多的土地　开始战争
很多人头落地　土地伤痕累累

有的人因为打胜仗功勋卓著
或者罪恶滔天　一些土地变成了坟墓
尸体也腐朽了　灵魂不知去向
可是他们的特征在后人身上不断繁衍

不管怎样　我们的家园
就是祖国　祖国就是土地
我热爱的祖国就是故乡
没有故乡的人就没有祖国

作品三十九号

我一出生　太阳就照耀着我
我身上有阳光的烙印　月光的烙印

空气的烙印　它们日复一日
一层一层裹着我的身体渐渐长大

白天与黑夜　四个季节的
风雨雷电　与我的命运一起歌唱
声音发出的光芒　可以让
我们感到温暖或者寒冷

人类与魔鬼过从甚密
屠宰场把别的动物送上餐桌
我知道　为了我们的生存
它们付出了生命的代价

作品四十号

只要活着　每天都要
努力让人感动
不管是阴天还是晴天
心中的太阳总会升起

时间在不停地流逝
成为过去　过去的意味着消失
死亡是为新生命腾出位置
正如水的推动

不会每一天都令人心旷神怡
我们不能放弃像鸟儿一样的鸣叫
那阳光　那冰雪和雨水

那灿烂的微笑和花瓣

大海和小溪　草地和森林
都会使我热泪盈眶　我不能停止
哭泣也是美丽的　也包括死亡
完满的谢幕是最后的诗句

作品四十一号

编辑与我约稿　要求是代表作
我怎么都选不出来　就好像
一个女人　生了一群孩子

你让她　选出一个
最好的孩子　代表她
她能选出来吗

从另一方面说
我对自己的诗
会永远失去判断

我识别不出来
哪首是好的　哪首是不怎么好的
谁能帮我选出来　谁就告诉我

作品四十二号

太阳是什么味道

照在不同的物体上
有不同的气味　于是
它走进不同事物的心脏

干燥而炽热　加上粗糙的西北风
还有脸颊上岁月编织的图案
略显灰暗的神色　我猜想
他是一位年近六十岁的孩童

只要想起鲜花　水和丝绸
思维就会变得柔软
与恋人的每一封通信
都会字迹工整满怀激情

陕北人常说
坐着好像棍撬　站着好像人叫
表达等待中的心神不定　魂不守舍
恋爱中的人就是这种感觉

作品四十三号

真正的活着才是活着
否则生不如死
宽容是需要的
多么美好的品质

假如你一再宽容
他还要置你于死地的话

这个宽容就成了纵容
这个善良就变成了教唆和犯罪

每一个人的生命只有一次
我们原谅了他　他未必知道
恩将仇报的事情一再发生

作品四十四号

有情人终成眷属是可能的
这已经很不容易　白头偕老
长命百岁　也是可能的　但少而又少

如果有人想要长生不老
那是不可能的　人生有太多的不测
能活着并且可以创造出奇迹是伟大

让美丽和智慧
把生存的所有空间填满
那是不可能的　笑口常开也是不可能的

谁想一生一世顺风顺水
那是不可能的　谁想不劳而获
过荣华富贵的生活　那也是不可能的

只有不断地努力摆脱痛苦是可能的
在这个前提下　获得短暂的快乐是可能的
死亡是绝对的　把自己摆平　献给上帝是自然的

作品四十五号

能看见那光的时候
那光已经死了
那是抛弃了身体的灵魂
他站在高处　他知道
离开是一个生命转换成另一个生命
一个人在这里死了
却又活在另一个地方
死又可以是没有死
这是一个很复杂的问题
需要静下来思考
尽可能简单化
身体不可能飘浮在空气里
换句话说　人是不可能飞翔的
而灵魂会　这个结论是怎么得来的
我们不知道　可是大家都这么认为
这是很神奇的事情
如果一个人真的死了
其实他自己并不会这么认为
他想告诉人们他的感受
可是他说出来的话
活着的人听不见
他就站在那里
可是身边的人
却看不到他

作品四十六号

今年的雨水来得早
持续不断的连阴雨　它想让我忧伤
可是我没有　它想让我痛苦
我也没有　我不能跟着它走

无所谓喜怒哀乐　无所谓
爱恨情仇　像一棵树　一滴水那样
感受世界本来的样子　一天一天
一月一月　一年一年　过下去就是了

有可能相亲相爱　和和睦睦
有可能打打闹闹　分道扬镳
到头来两手空空　空空两手
不管是谁　都是大地的肥料

作品四十七号

有的人满脑子都是坏主意
有的人头颅里装满了智慧

有的人坐着抱怨生活
有的人跑着改变生活

一个善良而真诚的人
没有人能够骗得了他

你不招惹那些武艺高强的人
再好的功夫对你无用武之地

原谅陷害打击过你的人
比他更恶毒的人等着他

当你的命运很悲惨的时候
想想那些命运更悲惨的人

生活可以贫穷但思想不能贫乏
肉体可以死去但精神不能消失

作品四十八号

来不及思考的可能是爱，
深思熟虑的可能不是爱。
——题记

为了爱情
你们就游西湖吧
在雨中　断桥相遇

然后就送雨伞
为了爱情　你们盗仙草
你们就水漫金山

为了爱情
你们穿越人和妖的界限

跟法海斗阵　向菩萨求情

为了爱情　舍生忘死啊
世界上哪有那么诚实的许仙
世界上哪有那么贤惠的白蛇

这样的故事
只能在神话和传说中找到
等待它变成现实　在身边继续

作品四十九号

死很容易　坚持活着很难
每一个人的生命都有用
而且是不可替代的

弱国无外交　人穷缺朋友
世界上我谁也不拜见
只拜见真理这个人　任何珠宝
都比不上站在我面前的你更珍贵

作品五十号

看不到星星心就会变得黯淡
看不到月亮眼睛会失去光芒
看不见太阳就感受不到温暖
来到世上就是为了感受苦难

我爱过女人
喝过烧酒　把酒喝干了
让自己燃烧起来　女人不爱我
我却担心她们得不到爱

我没有伤害过任何人
也不想伤害自己　我出版过五部著作
还有很多诗稿在牛皮袋子里
等待整理和修改　我愿意为诗歌工作

我热爱我的家人　父母和儿子
我热爱我的小提琴　把它放在
伸手就能摸到的地方　一只蝴蝶
飞来飞去　也许它什么也没有找到

生活就是生活
除此之外还会有什么
大地是大地　森林是森林
天空和海洋鲜花和草地从来没有改变

作品五十一号

不需要行万里路
那是旅行家的事
不需要破万卷书
那是史学家的事

只需要认真地生活

不骗自己　也不骗别人
就可以感受到整个世界
和所有平凡人的心跳

不能因为注定要死
就可以屈辱地活着
不能因为生不带来死不带去
就不去争取自由和幸福

孤独焦虑到极限　仿佛
亲人们离你远去　痛苦是
无法表述的　沉默的子弹
将会在适当的时候炸响

作品五十二号

小说里的某些情节
常常会与现实中的梦想类似
比如某个早晨　阳光普照
你还没有起床　在床上伸了个懒腰

然后走进浴室　打开喷头
热烈的温水拥抱你的裸体
你就会想起昨天晚上
与那个男人的快乐记忆

不一定非要诅咒男人
女人也有女人的问题

无非是男人记吃不记打
女人是愿打愿挨的脑子

关键是生活态度　想清楚了
会快乐一生　想不清楚
一辈子抱怨　这就是人与人的区别
没有谁可以处在是非之外

佛教说　心中不定　枉费看经
而哈佛校训之一是　此刻打盹
你将做梦　而此刻学习　你将圆梦
我的看法是　用身体和思想抚慰世界

作品五十三号

不再上班
没有任何不适应
撤退得干净利落
甚至欢天喜地

不是倚老卖老的老
而是返老还童的老
是成熟的果实　是财富
是慈祥　是完美

老不是不服老　而是老有所用
老就是老　必须认老
不能熟视无睹　老就是老

老要老得自然　快乐　坦荡

老不是结束　是开始
老不是暗淡　是辉煌
老是一张悠闲的名片
从精英走向经典

作品五十四号

人的一生　有没有目标
不重要　在我看来
首先是活着　然后
才能实现其他愿望

在此过程中
会出现一系列的矛盾
利益的纠纷　权力的争夺
甚至引发你死我活的激战

每一个人都不一样
各有各的人生　大体上
应该有一个方向　或者是爱好
或者是维持生存的职业

创造很难　追求真理很难
一般地讲　女人嫁个好老公
男人娶个好老婆　然后衣食无忧
生儿育女　健健康康地活着就不错了

如果非要弄出点响动
出人头地　流芳千古
那就不是要下一般的功夫
非洗心革面不能　非脱胎换骨不可

歌唱也会变成号啕大哭
奉献鲜血和汗水　痛苦与忍耐的坚守
正义与邪恶的拼搏　也不一定能成功
这个代价必须付出

作品五十五号

如果你无法解脱
甚至万念俱灰
那不是一个简单的问题
很可能是被围困在一个圈套里

如果你失去的东西
不仅仅是生活中的快乐
包括肉体和精神上的打击
那就是失去了生存的意志

这种病看医生没有用
呐喊也没有用　只能听音乐
德彪西的钢琴曲《小黑人》《焰火》
也许管用　燃烧得好快乐

说实话　没有人愿意
成天愁眉苦脸过日子
带着耻辱往下活　最好不要
像一个幽灵　飘来飘去

作品五十六号

可能是更年期
不能受一点儿刺激
有一点儿小事
总会放在心上

想不通也就罢了
还一晚上睡不着
有时候浑身发热
心烦意乱

想大哭一场
又不知道从何哭起
如果是刘备哭荆州
如果是诸葛亮哭周瑜那还罢了

从不斤斤计较的人
现在怎么就想不通啦
男人也有更年期
这种说法是否可靠

作品五十七号

该说的话似乎已经说完
不必再啰唆　表演对于男人
没有什么意义　好男人的标准
套不住无边的幻想

泛着银光的梦幻邻近午夜
仿佛一切都在喧嚣　唯恐
听不到心跳的声音　只有黑暗中的眼睛
绽放着绚丽的光芒

一朵小花　安静地
好像不复存在地开出来
迎风吹来的蒲公英
在荒山野岭安家落户

在地平线消失的瞬间
闪烁的篝火突然点亮
长期在苦难中挣扎的人
感到更加孤独与绝望

作品五十八号

现在流行大情怀
大爱　大美这些词
可能是指更宽泛的情意
情感　友情的更大化

说好听点就是博爱
美这个字在古代
表示又大又肥的绵羊
有肉吃　有酒喝　就是美

人来到这个世界上
无非就是来找这些东西
谈情说爱　娶妻生子　一个男人
把自己交出来　献给家庭和社会

吃喝拉撒睡　柴米油盐茶
风风雨雨　忙忙碌碌
从风华正茂到相互搀扶
不怕残花败柳　也不怕老眼昏花

作品五十九号

在这个世界上
永远看到的是
某某有限责任公司
而看不到一个无限责任公司

我甚至不知道它们之间的区别
但我知道无限的意义在哪里
相对而言　地球是无限责任公司
空气与蓝天是无限责任公司

人类依赖这些无限的财富
承办有限公司　为他们的集团谋利益
如果是这样的话　我要他们停下来
为人民的幸福开办无限责任公司

作品六十号

谁能描绘出这美丽
如雪山一样圣洁的躯体
散发着蜡梅一样的清香
不要说妖艳　不要说妩媚

这一时刻必将来临
请关上太阳这盏灯
环绕青山绿水　吹响号角
抱着必胜的信心　逍遥自在

你抓住了少女的心
她就能引领你度过彼岸
从遥远的隔世望去　那行船
在来时的路上崎岖而艰难

谁来解脱这破衣烂衫
如同枷锁一样的藩篱
找遍所有的墓地
没有精彩的墓志铭

作品六十一号

早在多年以前
就看过你的诗
我就知道
诗坛又要诞生一个好诗人了
你的诗不同于一般诗人的作品
作品里既有女人的魅力
又有男人的气质
而且有一种迷幻的感觉
瑰丽的色彩耀眼夺目
好诗就是能让读者迷失方向
好像身上长出了翅膀
有想飞起来的感觉
你的语言能力很好
信手拈来的意象也是诗的味道
如果一定要提点意见的话
我羡慕你的青春年华
竟然心生爱慕之情

作品六十二号

在老家
说谁谁谁难活了
让外乡人听来
吓一跳
觉得这个人活不了啦
其实

它是一句陕北方言
是生病的意思
生病了
肯定不好活
我在想
如果这个社会生病了
老百姓就难活
日子就快乐不起来
起来　起来
不愿做难活的人们
向着好活前进

作品六十三号

在我的生命里
吹进了你的风　风情万种的风
这风真好　它让我们智慧
成熟　眼睛明亮　心胸开阔

没有真诚她不会靠近你
没有善良她不会相信你
没有事业她不会跟随你
没有胆量她不会交给你

甜言蜜语固然需要
也少不了苦口良药　感谢那些
无法忍受的逆耳忠言　不管
是什么人的意见　我们都会感恩戴德

作品六十四号

该来的就得来
谁也躲不过
你如果有这一劫
这一劫就堵在那里

七尺高的汉子三尺高的门
不弯腰你就会碰破头
弯腰还是碰头
自己选择

过安安静静的日子
贫穷但有尊严　过富贵荣华
的日子　没有人格而言
唯命是从的奴隶

或者横竖都像个犯人
天天在狱中度过
哪里才有好日子
天下有白色的乌鸦吗

作品六十五号

在社会环境恶劣的情况下
追求理想的人
善良的人　从表面上看

一定会是一个失败者
失败才是他们为正义的坚守
成功的标准是什么
成功就是金钱吗
成功就是权势吗
我看不是
不管是事业还是生活
你不要指望能改变什么
什么也改变不了
没有感受到温暖也没什么
但要预防恐惧　不安　无望　焦虑
能够安全地活着
不被陷害
并且慢慢变老
已经是最大的幸福了

作品六十六号

灾难
从天上掉下来
砸在我们头上
我们也会认倒霉
就像那冰河被炸开
一声巨响
送来了春风
有过疼痛的经历
才知道什么是快乐
再来一次疼痛

再来一次
如此不断重复
所有的幸福
只不过是
一次次历险之后
留下伤疤的幸存者而已

作品六十七

要尊重古人
这是对的　但是要从中
得到更多的东西
是没有可能的
千万不要迷信他们

一定要记住
我们是活在当下
不可能把古人搬出来
或者唤醒他们
来替我们做事

庄稼要我们种
布匹要我们织
矿藏要我们采
日子要我们过
与他们没有直接关系

作品六十八号

她赤裸裸地站在大街上
使所有的人难堪
其实大家都渴望看一看

如果你就是那个裸露者
那就是你错了　因为
你违反了生活的常态

其实所有的人都被蒙蔽了
就你一个人是对的
必须反过来看这个问题

你必须遵循一个错误的现实
或者是一个错误的生活规律
才有可能符合大家的审美标准

这就是生活的一部分
也可能是生活的全部
真理很简单　那个一丝不挂的人

作品六十九号

人生像一场梦
缓缓登场　又匆匆离去
像皇帝的新衣的皇帝
像掩耳盗铃的老兄

像刻舟求剑的秀才
像范进中举的范进
都自以为是
教条迂腐
结果怎么样呢
随着那路一直走下去
一阵风吹散的云
粉身碎骨的骨
无人管　狗舔碗
走的走　散的散
没有不得了
也没有了不得
有也虚幻　无也虚幻
好也虚幻　坏也虚幻
真也虚幻　假也虚幻
生也虚幻　死也虚幻

作品七十号

一个男人和一个女人
努力实现一次完美的结合
三十年过去了
还会过去更多的时间
在这些时间中
他们干了些什么
他们之间还有多少日子
任彼此持续不断地触摸
让那些声音从大脑出发

穿过肉体直抵心灵
用热情抚慰受伤的灵魂
那一刻不是事业
也不是爱情
是生活
是动物的本能和高级动物的快乐

作品七十一号

天下没有人
能够理解我的痛处
就像时间和河流一样
匆匆相遇又匆匆离去

倘若离开爱人
就好像每天都在失恋
宝贵的人生和日子
就这样白白地烧掉

从不给你送什么礼物
只把我的生命给你
让你热血沸腾　或者静若止水
都是我们需要抵达的地方

作品七十二号

人类能够存在的根本是善
在这棵大树下　我们乘凉

享受树上的果实

珍惜修来的福分
不要抱怨　不要说冤屈
要忍让　要坚守　也要拒绝

没有完全的对
也没有完全的错
花可以有害　草可以有毒

不在于世界是什么样子
而在于自己是什么样子
选择怎样的人生　走哪一条道路

作品七十三号

不值得伤心　不值得
无情无义的人多了去了
你有几颗心　能伤得过来吗

再说了　伤了心
谁来医治　那伤口
会逐渐加深　直至穿透

等到冬天过后　土地上
有残雪　也有春风　风一刮
冻土就会开口　冰河就会融化

结束这一切吧
忘掉那疼痛　重新开始
让枯木逢春　铁树开花

作品七十四号

有些幸福
一定要放在心上
慢慢融化
每一个人都应该拥有
至少能想起
一张脸
一双眼睛
一头长发
一对乳房
以及臀部
然后热浪般的身体
奇特的波动
死去活来的纠缠
尖叫之后
一声长叹
直至倾其所有

作品七十五号

我手中无剑
心中也无剑
可我是天下第一剑客

我无罪
可我要包揽
全世界所有的罪

我投案自首
我招供　昏君是我杀的
银行是我抢的　劫富济贫

我是炎黄子孙
我得认罪
我不认罪　结不了案

作品七十六号

人生就是这样　你的身体
适应不了季节变化的时候
就开始过敏　冷也过敏　热也过敏
连鲜花也过敏　更不要说那些腥风血雨

找到过敏原　就可以预防过敏
但过敏绝对是防不胜防　过敏原在任何地方
在每一寸空气里　它不是潜伏而是存在
过敏原没有错　我也没有错

为什么过敏体质是我　为什么
假如发展到一切都过敏的话
就无法继续活着　有很多种死亡

寿终正寝是最合乎自然状态的一种

而过敏不是　过敏是一种疾病
它需要更多的阳光　沙滩　蓝天　海浪
来喂养善良的心　脆弱的灵魂
高贵更容易接近死亡　好诗才会留下来

作品七十七号

不追求金钱　也不追求
仕途　只追求艺术　艺术
是个什么东西　我也弄不懂

我的人生标准很低
能活着就行　过朴素的日子
做快乐的人　写漂亮的诗

如果能不吃饭就不麻烦农民
如果能不穿衣就不麻烦工人
如果能不做爱就不麻烦女人

看见打架就躲
如果能出家就不麻烦红尘
总有一天　我会把自己放倒
然后献给大地和天空

作品七十八号

我走路
走了很多条路
每一条
都让我碰得头破血流
没有一条路能够通向自由
每一条路的尽头
都有一座高墙
它说
就到此为止吧

作品七十九号

穿过关中平原
八百里小麦正在泛绿
渴望一场大雪　覆盖秦川
覆盖每一株娇小的身子过冬

进入陕北　黄土高原
已经是冰天雪地　看不到一点儿
生命的迹象　落叶归根
植物的表达含蓄到睡眠的状态

高贵的太阳　悬挂在蓝天
依然统领着大地　阳光并不温暖
全凭还没有冰封的河流
日夜喧嚣　给高原带来生机

这就是陕北的冬天　窑洞里
暖烘烘的　亲人们跑前跑后
忙来忙去　有红枣　有南瓜子
有滚烫的米酒端上来

吃菜的吃菜　喝酒的喝酒
有的喝红了脸　有的喝白了脸
唱酸曲的唱酸曲　说儿话的说儿话
少不了有醉汉骚扰漂亮的女人

闹腾到半夜三更　大家就散了
各回各家睡觉　一天就这样过去了
第二天醒不来的就走了　醒来的又是一天
该干什么干什么　时间与谁也没有关系

作品八十号

失眠的时候　眼睛
明镜似的　看穿了那些
不平的世事　罪恶的勾当

失眠的眼睛背后
是一座接着一座的高墙
高墙内有可怕的血案

比黑夜更黑的是人心
谁能拉开它的面纱

亮出刀光剑影的黑幕

失眠是上帝对我的眷顾
让我把暗处的推手找出来
让阴谋曝光　让真相大白

作品八十一号

我见过很多人
很多有脸面的人
或者是名人
也有一些商人和高官
没有人跟我谈公平
没有人关心
这件事情
看起来
他们好像
都在忙国家的大事
其实不然
他们很可能在挖坑
制造更大的不公平
他们会觉得我无聊
无知　甚至可笑
我只能把公平
揣在怀里
先把它温暖

作品八十二号

没有一个人
一开始就追求
做一个坏人

没有一个人
终生的目标
就是当一名罪犯

没有一个人
活得好好的
就去做一颗人肉炸弹

没有人愿意
把自己炸得粉身碎骨
绝对没有　没有

没有一个人
一生下来　就高兴自己
是一个没有快乐和幸福的人

作品八十三号

我是个急性子
很早就来了
看着你　一点一点盛开

再怎么倾国倾城
总会有红颜褪去
落花流水的一天

我就是那个种花的人
也是葬花的人　静候
在你的身旁　伤心　落泪

作品八十四号

城市污染得很厉害
你想摆脱这个污染
每天在城墙根下
打太极拳
在健身房做俯卧撑
或者在床上折腾自己
那样就一定能健康吗
就以为呼吸到新鲜的空气了吗
打个比方
就像一笼包子
有的在中间　有的在边上
你以为边上的就蒸不熟了吗
有个成语叫五十步笑百步
大约讲的就是这个道理

作品八十五号

做一个好人很难

有时候　不得不违心
不敢仗义执言
更不敢与邪恶势力斗争

在这个环境里长大
错误养育了我们
离不开这污泥浊水
谁还能变成荷塘月色

必须抱着必死的信念
即使为正义而死　也是
十分困难的　不见得轻松愉快
不见得就有人能理解

作品八十六号

童年的快乐　仿佛贫穷
和饥饿　也是难忘的体验
没有战争是幸运　这要感谢
用枪杆子换来的和平

秦始皇　汉武帝
成吉思汗　李自成
如果他们和我是同时代的伙伴
他们会不会打我　用暴力让我屈服

很难说清楚　暴力不会一去不返
等着瞧　所有的结果都会令我们失望

与其在焦虑中死去　不如事先就想到结局
世界就是这个样　混乱中为一些人的利益开战

作品八十七号

我对自己说
我不是一个国家的诗人
也不是一个世界的诗人
而只是一个人　我一个人的诗人

这就够了
不需要历史记着
不需要人类记着
需要良心上能过得去就行

假如天地间没有了爱
那活着还有什么意义
那留下来的作品又有什么用
一首好诗　哪里又能用得着

作品八十八号

秋天
雨水渐多
忧伤的情绪越来越浓
一切事物显现出来
风吹干了大地上的血迹
空气澄清了心的方向

落叶预示出生命的结局
冬天是世界的真相
我们似乎明白了
存在就是存在的意义
需要什么
就去做什么
这就是人
应该做的

作品八十九号

用最低的姿态
解剖生活　依照生命的意愿
让身体发挥出天性

别人对你的肯定并不重要
重要的是自己对自己的肯定
绝不放弃遨游太空的翅膀

不需要任何评委
也不需要什么伯乐
但从不拒绝真诚和友爱

在真理沉睡的时候
你会听到我的怒吼
剑出鞘啊　一曲带血的歌

作品九十号

搅乱地球的人类
用小聪明制造了武器
炮火连天
尸横遍野
他们凌驾于自然之上
破坏了山川河流
让我们无法忍受
一些人剥削一些人
一些人损坏一些人
没有公平正义
没有自由和平
亲人之间
朋友之间
男女之间
为了一点儿利益
相互对抗
相互仇视
相互残杀
最终难以逃脱
毁灭的下场

作品九十一号

阳光在大地上奔跑
地球一夜成名
人类辽阔的家园　谁也不知道

什么时候与死神撞击

心动神知　感谢生育之恩
感谢灾难与悲伤　感谢每一个早晨
感谢新鲜空气　感谢活着
在你的怀中愤怒并快乐

与万物相互亲热与尊重
祈求神灵与上帝
让我们愿意成为什么样的人
就成为什么样的人

作品九十二号

一个摇滚歌手用生命在演唱
一个流浪者的浪漫与无奈
一个官僚的傲慢与无知
一个死囚犯对女人裸体的尴尬与渴望
一个农民对土地的热爱与忠诚
一个奸商对顾客的虚伪与狡诈
一个少年与一个少女在初夜的拘谨与恐惧
一个演奏家在演奏中的无限空间
一个妓女和一个士兵在奔赴战场前的倾诉
一个逃亡者在国外的艰难处境
一个被女人无数次伤害的男人
一个为写诗而活着的小提琴手
一个为自由而沉默不语的诗人

作品九十三号

你会想到
你想不到的事情
海里的狼　在梦中游来游去
陆地上的鱼　在空中飞翔
任我们行走吧
向左转　向齐看
没有人能够逃离现场
人生的灯光照耀着你
也照耀着我
前面的路
都在向后撤退
打旗的卒子冲锋在最前头
等待时间　那一段忧伤的旋律
一只怪兽在心里倒下
它看着我们
一代又一代开始
一代又一代结束

作品九十四号

我是那么地喜欢
格什温的《蓝色狂想曲》
单簧管在独木桥上行走
钢琴的华彩在灿烂
一群狐狸　一群蝴蝶在舞蹈
说锦上添花

不如说是旧恨未去
又添新愁
在我们的生活中
没有人能离开音乐
无论是白天还是黑夜
清晨的太阳升起来
还有镜子般皎洁的明月
蓝色铺天盖地
一浪高过一浪
希望不一定在高处
过去的不是地狱
未来也不是天堂
夹在中间的是现在
再怎么苦
再怎么离奇古怪
也要无忧无虑地滑行
就像那音符那美丽的身体
把生命的秘密彻底表达

作品九十五号

传承古典音乐的风格
有矛盾　但没有对抗
几乎是一团和气　长笛声飘动
优美的小提琴旋律在空中

雪片纷纷降落　大地上
犹如欢快的少女　好运款款而来

群山挺起丰满的胸膛　这不是音乐
这是心灵的涌动　是生命的震颤

激情在弥漫　梦幻与理想
聚集在散乱的平原　在自己的世界里
完美地陶醉　自由的天性引导
脚步的方向　停顿一下　思考之后再走

也可以　把爱洒向人间
幻想的翅膀在幻想中折断
风暴的呼唤　雷声的怒吼
都是朋友　在黎明前惊醒的睡眠

2012年12月31日于西安

爱就是诗歌的灵魂

诗人可以幼稚
诗人的幼稚是善良单纯
是童贞般的天真可爱
而绝不是接受谎言及其制造谎言的愚蠢
更不是被利用
充当非正义的制造者和炮灰

三五岁的孩子大人不给买糖果
可以睡在地上打滚
十一二岁的人也还可以理解
如果三十岁四十岁的人
一不顺心还要睡在地上打滚
那就是可笑了

诗人要有担当
不为小圈子的利益耗费生命

要站在老百姓一边
写作与呐喊
这是现阶段诗人依然应尽的义务
世界不太平
太平就不是世界

诗人最好不写大而无当的诗
不做损人利己的事
谁首先挑起事端
谁就是“侵略者”一方
侵略者大多数没有好结果
谁发动了诗歌“战争”
谁就是有罪的人
因为有战争的地方就是最“黑暗”的地方

诗人要有风度
吵架骂仗不等于诗歌创作
把狭隘的小心眼收回去
把聪明反被聪明误的小聪明收起来
把满脑子的名利思想夹紧了
不要让它跑出来害人
把精力放在写出无愧于山河的创作上来
写出好作品回报社会和纳税人
才是走出低谷的唯一出路

诗人要有批判精神
哪怕只用写作十分之一的精力
服务于劳动者

而不是无休止地相互伤害
无原则地相互攻击
无效的生活方式也是腐败的一部分
也会导致无效的写作

诗坛的腐败与官场的腐败是一致的
为了获得知名度不择手段
大肆炒作甚至用钱买奖
这已经失去了诗人的气节
不仅斯文扫地
简直就是无赖与小人的作为

请问你们写过几首让老百姓感到温暖的诗
写过几首鞭打腐败与罪恶的诗
写过几首追求真理与正义的诗
你们躲在安乐窝里炮制对骂的诗歌
这说明你们本身就是口水
就是堕落的诗人
连人带诗都是垃圾

不要把三句半当成诗
不要把猜谜语当成诗
不要把讲笑话当成诗
不要把打欠条当成诗
不要把自己流派的创作形式和观点
当成世界上唯一的形式
而认为其他表现形式的诗歌和诗人都是烂诗烂诗人
唯我独尊占山为王不是诗人的行为

不要做诗坛的希特勒

诗人要有担当
你们的所作所为看不到诗坛的未来
好诗人不在江湖
在被边缘化的大地之上流浪
好诗人永远在民间
他们孤独地坚守着灵魂的高度
他们艰难地坚持着思想的高贵
后来者一定会找寻他们
找寻用生命写作的诗人

好诗人追求真理
好诗人永远站在生活的前沿
站在最危险的地方
为了保护人类的家园
热爱大自然的一切生命
爱就是诗歌的灵魂

如果用下三烂的手段相互侮辱
用地痞流氓的手段对待诗歌的争论
那就等同于黑暗与邪恶的帮凶
让诗歌的蓝天蒙受耻辱
请记住
诗歌的野蛮与狂欢里有老百姓的血泪

世界上优秀的诗歌流派
都是以人性与博爱为目的

没有一个流派是以反人类和平为目的的
一个不知道忏悔与反省的诗歌流派
最后可能走上邪恶的道路
所有丑恶的嘴脸作为证据
已经封存在网络时代的档案之中
一个都跑不了
上帝从来没有让你们游戏人生
历史会将你们捉拿归案

诗人要有担当
好诗人在默默地写作
在国土的某一个角落
好诗人知道大地是我们的
是我们从古到今赖以生存的领土
好诗人热爱祖国
好诗人有一颗赤子之心
创作有温度的作品
善良永远是诗歌的命脉

有些诗歌作品已经离诗歌的本质太远了
作品里没有地气　没有骨气
没有正气　没有神气
也就没有人气
甚至连让人能呼吸的空气都没有了
有的是乌烟瘴气
废气　臭气　毒气
拒美感于千里之外
拒人间烟火于千里之外

拒理想与希望于千里之外

在权力与金钱面前
被招安的被招安　投降的投降
卖身为奴的卖身为奴
当小三的当小三
当然谁都有选择人生道路的自由
不就是为了荣华富贵吗
坐牢的坐牢
跳楼的跳楼
玷污了诗歌的纯洁

放下小情小调
抛弃卑鄙而自私的小算盘
回到关注民生关注祖国命运的大是大非上来
放下小恩小怨
回到关怀人类的终极问题上来

现代诗的盛世不是天上掉下来的
现代诗的春天不是刮风刮来的
是几代人亲手创造和建设起来的
甚至是用鲜血换来的硕果累累
珍惜和平年代
找回人的自由与尊严
写出与人类精神境界相匹配的作品
为诗歌人性化创造新的辉煌

2018 年 11 月 22 日

剪　刀

剪刀从某一个角度入手
清晨或者傍晚　最好是在正午
才能一气呵成　一剪子下去
就生育出一群神马
野性的马　马不停蹄的马
在你无边的草原上狂奔

我听到剪刀的声音
像细碎的密语　在我的浓发中
寻找失去的青春　寻找未来的梦幻
剪刀如歌唱般行走
午夜在静悄悄地弥漫一场大雪
无声地降落　盖住你饱满的裸体

快乐的剪刀是尖锐的音乐
在我的心中响起
如同我对你的思念

坐立不安的手啊你要伸向何方
伸向你摇摆不定的三围
伸向你坚挺而傲慢的黄土高原

你把我剪成一匹狼
一匹燃烧的狼　一匹朝天号叫的狼
在一群洁白的绵羊中寻找猎物
寻找一见钟情的伴侣
果然有迷途的羔羊在我怀中倒下
从此　狼和羊生下了一群小崽

你把我剪成一只山鹰
任我飞翔在蓝天上
越过江河湖海
越过一百个世纪来找我吧
为我盛开的鲜花啊
为我一遍又一遍散发出奇香的蜡梅

我用小提琴为我的妹妹演奏
我用我的身体为我的妹妹演奏
我的妹妹就是我的小提琴
我的妹妹就是我最优美的旋律
我们在一个温暖的窝里缔造爱情
窝里的微火点燃了生命中的大火

剪刀的梦夜夜来临
闪亮的剪刀在低语
闪亮的剪刀在流泪

闪亮的剪刀在愤怒
闪亮的剪刀在渐渐苏醒
闪亮的剪刀在风雨中飘扬

当进入了剪刀的身体
剪刀的狂欢就是我的狂欢
剪刀的忧伤就是我的忧伤
有剪刀的地方就有我
有剪刀的地方就有破绽
剪刀是黑暗与光明的克星

剪刀是女人手中的武器
剪刀是刀的同胞兄妹
她所到之处
一切问题就会迎刃而解
剪刀是我心中的剑
剪刀一出场人民就会为她喝彩
剪刀永远站在正义的一边

剪刀的丰臀圆润而光滑
她平坐在床头的一端
剪刀的气色非凡
剪刀是被弯曲了的思想
剪刀拥有了爱情
剪刀的脸绯红
愿意在刀尖上过夜
剪刀是一个好女人
开放之前她依然默默无言

剪刀熟透了
剪刀是悬挂在枝头上的一串葡萄
剪刀笔直的背上写满了神秘的语言
剪刀开始歌唱　剪刀的舞姿
是中华民族五千年的快乐与悲伤

剪刀啊剪刀
请敞开你不断闭合的双唇
我要让你说出想说而不敢说出的话
我要让你压抑的心脏自由地跳动
我要在你落满灰尘的前胸
开辟一条奔流的大河

剪刀啊
请在我的手中歌唱
请在我的血管里一往无前
让黎明的钟声敲响
敲响生命中沉睡的妖娆与锋芒
在一片荒原上播种柔软的幸福生活

剪刀是我的母亲
你装满圣水的双乳　博大的胸怀
如同海洋　哺育我成长
妈妈　我干渴的头发在呼唤
剪刀啊请允许我在你的乳汁中畅游
请允许无家可归的灵魂在你的窗前徘徊

剪刀的高潮
透过生锈的城堡不断深入
在无边的大地上任意穿行
单纯的剪刀　朴素的剪刀　灵巧的剪刀
如同少女般无所畏惧的剪刀
清澈的眼睛泛出明亮如湖泊的安宁

剪刀啊剪刀
如美人般冷静的剪刀
抵达仙境的剪刀　散发出寒光的剪刀
直逼邪恶的剪刀是我渴望已久的剪刀
裸体的剪刀
如我梦中的剪刀一样忍受着疼痛

我心中的剪刀
引导我寻找真理的剪刀
剪刀的剪　剪刀的刀
是我命中注定的金属
和我一起躺下和站立的剪刀啊
是我下地狱和上天堂的剪刀

剪刀握在女人的手中
就会变得温柔　像空中舞动的彩绸
再温柔的剪刀也是剪刀
冲动的剪刀　锋利的剪刀
我想让你把我剪碎

作于 2005 年 1 月 5 日

我读《玫瑰门》

最早
在 20 世纪 80 年代初
看小说《哦，香雪》
那几个看火车的女孩活泼可爱
把少女的初恋
寄托在对外部世界的期盼之中

中篇小说
《没有纽扣的红衬衫》
也是那个时代的优秀作品
小说给我留下了很深刻的印象
主题是表现单纯
向往美好生活的女性朋友
总有一种新鲜的气息扑面而来
击中我心底的某个地方

作者用开放性的思维
体现女性追求自由的权利
用现代的思想大胆地揭示人性中的丑恶
用先进的理念冲破腐朽的道德观念
早在学生时代　作者就有远大的文学志向

她懂得
要成为一名优秀的小说家
一定要有在农村生活的经历
所以她主动放弃留在城市的机会
而选择到农村插队
有了农村生活的亲身体验之后
创作的天地更加宽广
并且有了深刻的人民意识
这一思想在她的小说里一直有充分的表达

我再一次阅读她的作品就到了 1999 年
阅读长篇小说《大浴女》
让我感到震惊
她对人物命运的刻画达到艺术的极限
我佩服她过人的胆识
将细节描写得如此准确
把社会不良现象批判得淋漓尽致

2009 年由中国作家协会主办
陕西省政府西安市政府承办的
“第二届中国诗歌节”在西安举办
她代表中国作家协会参加了这次盛会

我是陕西代表团的成员
有幸在会上与她认识

我对她说
我的诗集能给你邮寄吗
她说可以呀
我就把诗集寄给她了
让我没有想到的是
她收到我的诗集后
很快我也收到了她寄来的散文集
《惊异是美丽的》
并有她的亲笔签名
“尚飞鹏先生闲读
铁凝 2009 年 6 月 8 日”

我在她的简介里
看到另外两部长篇小说
《笨花》《玫瑰门》是我没有看过的作品
我妻子看了她的散文后
也特别喜欢她的作品
于是又买了散文随笔《从梦想出发》
和长篇小说《笨花》《玫瑰门》
疫情期间我看了《笨花》
这部作品同样使我激动不已
让我感到奇怪的是
她一直能保持上升的创作水平
是一件非常不容易的事情

《笨花》是一部
从国内的军阀混战到抗日战争这段时期的历史小说
创作于 2006 年
它不仅仅是表现爱国主义的情怀
更是一部讴歌中华民族英雄的史诗性作品
正义与邪恶的殊死搏斗
侵略者与反侵略者的人民战争

细读《笨花》　里面的人物
每一个都有特殊的个性
先不说向中和　向文成　向武备一家满门忠烈
贝西家族悲壮的抗日英烈事迹
包括瞎话　以及小袄子　大花瓣这些角色
都有血有肉　活灵活现　一读便让人难以忘怀

看了《玫瑰门》
没想到的是
这部作品
是她的长篇小说处女作
创作于 1988 年
据今三十五年了
现在阅读依然是鲜活的
好作品再过若干年阅读也是鲜活的
这是一部杰出的作品

这一事实
完全应了我对艺术作品的评价
好作品永远是新鲜的

不好的作品一写出来就陈旧了
在诸多艺术形式的创作中
长篇小说创作的形式感尤其明显
如果没有成熟的艺术思维
没有很好的架构故事和情节的能力
以及人物形象的塑造
叙事的能力和语言的技巧
是不敢动笔的

在创作这部宏大的作品时
她的写作心态是不慌不忙的
面对世事变迁从容淡定
仿佛一位修行百年的老者的讲述
《玫瑰门》反映的是旧中国的知识女性
经历了诸多坎坷的悲惨命运
一直到新中国成立
在遭遇一系列的磨难之后
一家三代女性的苦难
从肉体到精神的屈辱令人窒息

小说通过描写司猗纹　竹西　苏眉的人生
反映出女性在男权社会里的不幸遭遇
可以说作者是女性主体意识觉醒的作家
《玫瑰门》的出版可以帮助女性朋友
从旧的母亲形象中脱离出来
从男权精心编织的性别神话中走出来
重新塑造时代女性的精神风貌

小说采用现代主义的写作方式
以及超现实主义
象征主义和现代派的重要因素
自始至终贯穿于小说之中
现代性的潜意识构成了全书的心理描写
把人物的内心世界和外在行为刻画得细致入微

一个真正的小说家
从来不是只用一种表现方式完成作品
而采用多种手段同时进行
《玫瑰门》就是这样的一部作品
作者以其创作天赋和勤奋
在实践中掌握了更多的创作技能

她是一位优秀的文学家
她的多数小说作品
是通过女性在现实生活中
从行为到心理的描述
达成精神意志的内在召唤
顺利进入情感世界的汪洋大海

这是她认识事物的基本方向
女性现实生活中的不幸
成就了与异性沟通的亲密关系
小说的悲剧大多数以独特的开放性方式
反抗对妇女的忽视　歧视　蔑视
或者迎合时代变迁中产生的自我牺牲意识

《玫瑰门》的门
是通过女性命运展示出的核心意义
女性在悲剧性冲突中往往是受害者
在是非曲直的挣扎过程中
展开得最为充分的一幅幅惊心动魄的画卷
是女性生命意识本质的觉醒和崛起

坦然打开
花一样绽放的幻想之门
冲动的身体在作者的描述中
有妙不可言的美好幻境
女性的命运总是在遭遇不幸的同时
与作者深刻的思想内容连接在一起
使小说一直处在高潮的位置从不松懈
到处都是神来之笔　让人赞不绝口
一切情节用准确的文字表达出来
幽默与智慧　机智与理性融为一体
冷静地描述普通人的命运

仿佛各种色彩的玫瑰
在任何一个地方盛开
天上下的是玫瑰雨
到处刮的是玫瑰风
人人做的是玫瑰梦
天地万物都在玫瑰香中被洗礼
被诱惑得魂不守舍
这就使小说充满性感的魅力

《玫瑰门》就是生命之门
喷涌着鲜血和苦难的门
没有阅读就没有自由
阅读是另一种生存方式
它可以脱离现实　活在小说的世界里
阅读一部优秀的长篇小说
阅读者就等于多活了一辈子
这就是《玫瑰门》打开我生存空间的启示

2023 年 6 月 26 日

你的生命紧紧拥抱着陕北

——我读史铁生

最早
我读《我的遥远的清平湾》
是在上大学的时候
我们中八四的班里有延安的同学
我就把她们当作清平湾的人
是你——史铁生插队时的同乡
于是 觉得她们十分亲切
清平湾是一个诗里的句子
值得反复吟唱 委婉而动听

来延安插队的北京知青
就是来当农民的 你是饲养员
喂牛是专业 学会了与牛对话
甚至在牛圈里睡觉
当村里宰杀了你喂养的老牛
你为它落泪了 并且拒绝食用牛肉
你把陕北的大地紧紧拥抱在怀里

你就是陕北人
从此 与农民的命运绑在了一起

我看见今晚的月亮
从东南方向升起
怎么看 都像是你
你坐在轮椅里向西边移动
当我一觉醒来 看见你乘坐的月亮
已经行走至中天偏西南的方向
你仿佛低头看着人间
有恋恋不舍的厚爱
此时
我站在黄土高原上遥望着你

你的病痛让你生不如死
从起初的无法接受到坦然面对
经过了漫长的思想斗争
你说“死是一件不必急于求成的事情”
“在背运的当儿” “不如想一想来世”
你的坚持 让太阳都感到疲惫
你像在大海里航行的巨轮
既渡了自己 又渡了众生

你从小就喜欢运动
怎么都想不到自己会残疾
你说“我第二喜欢足球 第三喜欢文学 第一喜欢田经”
你虽然坐在轮椅上
而那些精彩的赛事从未错过

当你成为作家之后
一篇又一篇文章在报刊上发表
著作一本又一本地出版发行
我却不敢再看你的书
就像不敢看残奥会上的运动员
做出的一个接一个高难度动作一样
我看着心在疼痛
我看着眼里流泪
正像你说的那样 “写作是为了向命运讨要一个说法”
“是走投无路之举”

你在《命若琴弦》这篇小说里
描写了两个流浪的陕北盲艺人
他们靠说书为生
老艺人记着师傅让他弹断一千根琴弦
就取出三弦共鸣箱里的药方医好眼睛
结果并非如此 师傅是想让他坚强地活下去
并且可以传承这门民间艺术
小艺人与女子的恋爱也变成了一场悲剧
他也像师傅一样
仍然相信在弹断一千根琴弦后
打开共鸣箱能取出可以治好眼睛的秘方

苦难让你成为小说家 诗人 哲学家
你在《插队的故事》这篇小说里用陕北方言
讲述了你在陕北经历的那些故事
包括《命若琴弦》《我的遥远的清平湾》
使用方言写作的准确性让我感到惊讶

你的散文集《我与地坛》
也有一些写陕北的篇章 你说
常有绥德的手艺人 来到清平湾
住在村中的庙里 吹唢呐 或弹三弦
情节无一不让人感到叙述中的真情实感
深刻而生动地勾勒出一幅幅丰富多彩的画卷
清平河两岸的群山啊
勾勒出六十年代末七十年代初陕北清贫的肖像

你在艰难的生活中遇到了真爱
这让所有关心你的人感到欣慰
于是你写道“爱情使我的心魂从轮椅中站起来”
这是你巨大的福报
也是你努力的结果
就像风中的一棵大树
不管遇到的是什么风
随风飘动的树叶
都在接受抚慰的快乐
你爱的人和爱你的人结合在一起
你们是绝配

你一直牵挂着陕北
你离开陕北十几年之后
又一次回到了陕北
回到了延安
你见到了
日思夜想的
清平湾的父老乡亲

又一次看到了那里的山山水水
你感慨农民过上了好日子
也担心还是靠天吃饭
好日子不能保证

你去了壶口瀑布
你一定要亲眼看一看
这条河在这里惊心动魄的一幕
曹谷溪先生陪你一同前往
在轮椅过不去的地方
他背着你过去
让你坐在离壶口最近的地方
感受到黄河在呐喊与呼啸中的悲壮

你的人生
你所有的苦难
你创作的所有作品
都是你对生命与时间的定义
生活把你塑造成一位哲人
我喜欢你把你和农民一起生活的故事
用陕北方言写出来
让这段真实的历史永远留在人间
你是一位伟大的作家
你的生命紧紧拥抱着陕北
你就是黄土高原的儿子

2024 年 5 月 24 日草于西安
2024 年 5 月 27 日改定于西安

莫扎特

作曲家是音乐思维的哲学。

——题记

这首长诗
不是给莫扎特写传记
是在倾听作品的一瞬间
用一个字一个字
寻找音乐
靠近灵魂
写着写着就会看到你——莫扎特
骑着音乐的旋律进入浩瀚的天空

一个每天晚上做梦的人
梦里都是舞蹈的音符
梦一醒就把梦变成了音符
没有人能知道

你的心里究竟在想些什么
脑袋里是不是装满了各种奇怪的声音

音乐是你的命
你的命让你变成了音乐
我们以为我们从来都没有见过神
而神就在我们身边
你创作的《德国舞曲》优雅而热烈
你看到了未来并且活在未来给未来戴上花环

你曾对父亲说
“相对音乐而言我更爱舞蹈”
可见你活在世俗生活里
你的思维一直在运动
音乐就是思维运动的产物
你留下了太多的奥秘

我喜欢你的《降 B 大调大管协奏曲》
在优美的夜晚
大管和交响乐的对话
像流淌的小溪
快乐着　并且让忧伤的生命
发出美轮美奂的哀号
音乐在弥漫着纠缠不清的暧昧
但从不泄气　不沉沦　不妥协

奥地利的每一寸空气里
都有一种水滴石穿的力量

不可抗拒的音乐就像水
无孔不入地流淌
在无所不在的大地上歌唱
天才的声音
美丽传遍整个世界

在没有人的时候
你把自己打开　或者干脆把自己打倒
别人要打倒你是不可能的事情
即使你倒下也会立即站起来
重新投入音乐中去
痛苦的思考胜于无知的愉悦
啊
我也算是你的同行

因为有你　我感到自豪
世界为你自豪
因为有你和你的音乐　一切战争都应该停止
男人和女人应该拥抱在一起
狭隘观念应该立即消失
永远的莫扎特啊
永远的辉煌

怎么也想不到十二岁的你
就写出了三幕歌剧《装痴卖傻》
你的存在广泛影响了世界
你不死的灵魂
让人类的生命向上提升

哲学的莫扎特
我知道那些自由的精灵
出自你自由的思维

从奥地利到维也纳
维也纳啊
将你打扮成一个少女
轻盈而飘逸的灵魂
飞行于天空之上
如歌的慢板
并不太快的快板
允许观看并且可以轻轻抚摸一下的美女
在你的音乐里穿过

歌唱的冬天赛过凉爽的夏夜
表达神的思想和人类的精神
你是人类的音乐家
包容了整个世界的情感
人类的莫扎特
会飞的莫扎特
缓缓走上山岗的莫扎特

女人的莫扎特
是流过她们心房的音符
没有音乐　这个世界就黯淡无光
在你的音乐里轻松愉快
不是你没有痛苦
而是你把痛苦转换成了快乐

仔细聆听
也能听出忧伤与泪水
那是你要留给自己的记忆
在你的音乐里
绝对听不到刀枪棍棒
让人类那些容易冲动的家伙
安安静静地坐在音乐厅

你给上帝的脸上涂了胭脂和香水
雄辩的音乐有特殊的创造力
闪烁着永远的光芒
就是这种感受
如同小溪一样
突然卷入一条大河
从此看不见自己
也听不见自己
随着那波浪声远去
那远去的声音里有自己的歌唱和舞蹈

歌剧《女人心》中唱道“爱情是窃贼、爱情是毒蛇”
我不同意这个观点
你莫扎特也不同意
女人喜欢不停地吃零食
等你们吃饱了爱情就飞走了
你们要注意管好自己的嘴巴

我在你的音乐里

听到死亡的声音
穿过一大片丛林
来到小河旁
我听到死亡在哭泣
死亡精神焕发
背对着一颗太阳走到生命的极限

我核心的思想
抓住你无形的手掌
《C 大调加冕弥撒曲》
宗教的祈祷仪式
1779 年为玛利亚圣像举行加冕礼而作
开启了你神性的光芒
在大教堂庄严辉煌的音乐中
你让全世界的河床流畅而通顺

莫扎特　你想到了吗
多少人为你疯狂　被你的音乐感动
多少人从你的音乐里
读懂了你的灵魂　世界存在的趣味
读懂你　你和你的音乐一样
都有一颗善良的心
宗教的祈祷

伟大的生命啊
我现在才懂得了
我什么也不要
什么也不要就是音乐

自由的音乐在飞
飞的音乐在歌唱
只有音乐对所有的人微笑
微笑就像流淌的岁月

莫扎特啊
你离开我们二百多年
这不是问题　我们照样是好朋友
是同行　唯一不同的是
我知道你而你不知道我
这不是问题
在维也纳又能怎么样
在奥地利又能怎么样

在你出生二百年之后我出生了
虽然我在中国
可是你不知道
你做梦也不会想到
一个中国人
一个小提琴手　一个写诗的人
会对你如此热爱
就像热爱他故乡的民歌一样

爱你就像爱我们国家的一个盲人
他创作了《二泉映月》
他的名字叫阿炳
指挥大师小泽征尔听了《二泉映月》说
“这是应该跪着听的音乐”

音乐没有国界
艺术是世界的共同语言

音乐不需要翻译
就像微笑和眼泪不需要翻译一样
拥抱不需要翻译
美丽不需要翻译
听你的音乐
就知道你是一个非常好的人
可以一醉方休的人
可以勾肩搭背的人
可以相互信赖的人

哦　莫扎特
是音乐把我们联系在一起
是音乐
音乐响起来
人类就快乐了
平凡的人就快乐了
每一个人都有欣赏音乐的权利

伟大的音乐都是平凡的
当面对美好的事物
我们不会激动
当面对真理和善良
我们不会陶醉的时候
你的音乐会帮助我们走出困境
脱离平庸的生活和危险的道路

不管是痛苦还是悲伤
必须走在音乐的节奏里
快乐地踏着拍子

天才的莫扎特
你是音乐王子　英俊潇洒
在艰难的旅行演出中
是你童年的流浪生活
吸取了罗马的宗教元素
以及歌唱家华彩的高音
经过万劫不复的疼痛
撕心裂肺的煎熬
才蜕变为成熟的音乐家

这样的音乐家
简直要把人乐死了
小提琴和中提琴的重奏
就像少女和少妇的交谈
谁的激情被压抑
谁的激情在燃烧
莫扎特　我要问你
你的灵感来自何方
莫非那源源不断的乐思
来自小提琴娇柔圆润的身材

你是为音乐而生又为音乐而死的人
你的女人在等你
等你轻歌曼舞的人生

爆发出男性柔情般的火焰
多瑙河在流淌
我听到了你的声音
你的森林　你的大地
你生命的渴望
追赶与奔跑的速度
忧伤和愤怒的情绪
哀婉和凄凉的思想
勇敢和彷徨的行为
伟大的举止与言行

啊　你生命的奥秘
谁又能完全解读
一代又一代的音乐家
一代又一代的观赏者
在你的音乐里找到了食粮
你和你自己　空气和庄稼
面包和咖啡　牛排和红酒
开始和停止　裙子和鲜花
和风细雨和雷鸣闪电
玉米和大豆

我热爱你似珍珠
我热爱你似戒指和口红
我热爱你似村姑与公主
我热爱你敞开的智慧
我热爱你坦荡的灵魂
我一直在寻找着爱情

寻遍大地上所有的地方
哪里都没有
自从知道你的名字
听到你的音乐　我才知道我要找的
就在我的耳朵里
你就是我音乐的天堂

耳朵里的爱情啊一直在行走
走到眼睛里　眼睛就明亮
走到心灵里　心灵就善良
走到大脑里　大脑就聪慧
走到手指间　手指就灵活
走到身体里　在血管里奔跑
延伸到生命的每一个角落
灌醉了生命的每一片土地

莫扎特
1756 年 1 月 27 日你生于萨尔茨堡
1772 年你第二次来到米兰演出
三百多年前画家达·芬奇出生在米兰
你们分别在各自的城市
创造了一个又一个神话
连你们自己也不会想到
这两座城市因为你们的存在而骄傲

用你们的方言讲话吧
穿过阿尔卑斯山
音乐的呼吸或呼吸的音乐

行走高山　越过海洋
为音乐而亡的歌手
顺水推舟的旋律
锦上天花的装饰音
如流水的音阶
变化成地平线上蒙娜丽莎的微笑
翻过太阳这座火红的大山
在月亮上睡觉
多么善于表现的天才
一丝不挂的音乐
裸体从天而降

我实在无法相信
莫扎特是一个人
而应该是一个神
只活了三十五岁
就创造出如此丰厚的音乐财富
有人说你的作品
即使一个人一出生就开始抄写
用三十五年也无法抄完
我相信有天才
相信了超越生命的创造
因为我们有了莫扎特
“人类应该感到自豪”

1773 年你十七岁
全世界在迎接你的智慧
想象力的速度

感染力的速度
思考的速度
爱情的速度
精神的速度
都超越一切地旋转
这是无法抗拒的意志
在情感世界里生长
生长着每一个音符
在指尖的触摸中发出快乐的尖叫

这是无法控制的力量
在你的生命里膨胀
在音乐里回旋
直奔无意识生命的自由状态
在无限中升起
你没有想要飞翔就飞翔了
只要坐在琴凳上
乐思就源源不断
钢琴响起来
音乐会在千里之外鸣响

有了莫扎特
想象力就死了
哲学家跑得无影无踪
一切逻辑在音乐里找不到了
欢乐与奔放的人群
在广场上集会
呼吸着音乐

就像呼吸空气和大地的营养

听听吧
自从有了莫扎特
原来认为的天才
不敢再自我吹嘘
哪些自命不凡的人
不会再觉得委屈了
他们听了你的作品
就不敢想千古流芳
这个人就叫莫扎特
你才是真正的创造者

森林里的传说
三个乐章的《钢琴奏鸣曲》
无尽的乐思　永远的变奏
伟大的重复　重复的意义在于
体现永恒的本质
你是整个 18 世纪最明亮的星辰
是人类产生以来最伟大的作曲家
像月亮一样的太阳
照亮我们的生活 照亮大地

歌剧《费加罗的婚礼》
1786 年 5 月 1 日在维也纳公演
它是你多部歌剧中
最具广泛影响力的作品
爱情的力量压倒一切

到巴黎去
然后走向世界
一颗不被奴役的心
高尚的灵魂
才能创造出美好的音乐
你让我们看清这个世界
以及丰富多彩的幻想不断地再现

啊
我的莫扎特
我的导师
我用东方最崇高的礼节向你膜拜
向你的每一个音符顶礼
五体投地啊
在你的音乐里鲜花开放
展开宽阔辽远的胸怀
等待我们投入
我看到你的小提琴
你的钢琴　你的总谱
在深夜突然响起
像春天的雨水
独自歌唱出种子的渴望
土地的思念

母亲去世了
你想是否还需要继续活下去
你失恋了
没有爱情了怎么办

离开巴黎回到萨尔茨堡

1781 年 3 月 13 日这一天
你受到了歧视
与大主教赫罗尼姆斯决裂
辞去教堂职务
使你痛苦和伤感的巴黎
终于离开了　离开了那浮躁而喧闹的
虚荣而充满时尚的巴黎
巴黎再一次抛弃了我们的莫扎特
事实上不可能抛弃
任何时代都不可能抛弃你

到伦敦去
莫扎特重遇海顿
海顿誉你为“一位最伟大的作曲家”
你称海顿为父亲和老师
你受到了海顿音乐的影响
海顿也受到莫扎特音乐的影响
莫扎特完成了献给海顿的六首四重奏

爱情生活完全打乱了你的计划
1782 年你和韦贝尔的小女儿坠入情网
阿罗西亚的歌声是极其柔美的慢板
8 月 4 日你与康斯坦斯结婚
就像被爱情生活陶醉的恋人
到处都是阳光
到处都是鲜花

快乐和幸福就是所有的内容
你创作了《A 大调 23 号钢琴协奏曲》
充满了欢乐愉快的气氛和细腻委婉的抒情

音乐就是把想来想去的问题写出来
让大家听这些生命里的情绪
在另一个艺术形式里传播
这是音乐与音乐的决斗
自由音乐人与音乐的较量

在任何场合
你总能受到女士的欢迎
给父亲的信中这样写道
“1784 年女小提琴家对我很好”
你作曲的歌剧《女人心》
就让演员发疯　狂野
说在别人看来是
毫无意义的废话
穷人才是你最好的朋友
因为你是一个穷人的艺术家
室内乐的魅力《A 大调单簧管协奏曲》
一生与贫穷作斗争
死后是我们最近的朋友

《弦乐小夜曲》写于 1787 年
强烈的自尊心
水瓶座的天真烂漫
所有丰富的情感都变成音乐

内心太丰富了
在同一时空容纳常人无法想象的智慧
天才的总结　归纳　抽象
和提炼的能力

微而又微的莫扎特
你代表了世界上最丰富
最尊贵　最平民化的灵魂
你没有固定的收入　所以
不停地演出　代课
喜欢开玩笑
有一种喜剧色彩
得罪了不少人
别人告诉你的父亲
“你儿子不适合在巴黎”
你父亲说
“我倒希望他才气少点儿
多些待人处世的知识”

1783 年你与妻子一同回林茨
仅用三天时间写成《三十六交响曲》
你 1787 年访问布拉格
上演《布拉格交响曲》　获得了宫廷职务
10 月上演歌剧《唐·璜》
1788 年　你最著名的第三部交响乐
第 39、40、41 号相继完成
1789 年完成《人皆如此》的谱曲
1790 年《人皆如此》在维也纳公演

音乐里有擦亮眼睛的旋律
也有心知肚明的节拍
有灵机一动的奇思妙想
有旷日持久的大智若愚

恕我不能列举你的作品
如果是那样的话
你作品的目录就是一首很长很长的长诗
不想再听你的音乐作品
因为那使我丰富的幻想
足以淹没我的生命

你的音乐有一个特点
是你独有的特点
你就是一个世界
一个完美无缺的世界
骄傲　俊美
对什么都大惊小怪
你只有爱你的人
你没有最好的朋友
三十五年的生命创造了永恒的音乐
轻快得像一只飞鸟
流畅得像溪水
遥远得像翅膀
小鸟　大雁　白鸽一起飞
小松鼠　小白兔　小狐狸一起舞蹈

崇尚自由又热爱艺术

我在关注你音乐背后的思考
你一定是一个善于表现的思想家
否则不会创造出这么伟大的艺术
我听出来了　你机灵的　莫名其妙的
智慧的　幽默的　快乐的　奇怪的
勇敢的　忧伤的　暴躁的　固执的
不容分说的　伟大的　自我的
创造了一个自己的莫扎特

我听出来了　孤独的　无助的
冰凉的　单薄的　包含了世界上所有的因素
宽厚而尖刻
你的真实伤害了很多人
长笛与竖琴
有人说你的音乐里少有矛盾冲突
我太相信了
我听出了很多纯粹的 洁白的
干干净净的莫扎特

胎儿听了你的音乐也会跳舞
音乐在体内的运动
放松　舒服　愉悦　快乐
只有真正的天才
才会毫不犹豫地歌唱天才
我们的莫扎特
我的莫扎特
那么就让我用我们的方式
赞美你　发现你　歌唱你

就让我们扯出一个话题来
展开　比如爱情
我要听从你的理解
我听出来了
有人说你也是个傻瓜
你却创造了医治人类心灵和身体的药方
你的声乐曲里
高音比较多
“莫扎特效应”
《降 B 大调钢琴小提琴大提琴三重奏》
是一些有趣味的对话　抒情和快乐依然是主题

我们从耳朵
通向灵魂的道路
母亲把最早的节奏
给了婴儿　心跳
揉碎再重组的音符
组合起来再揉碎重新组合
这就是音乐的奇妙之城
寻找与音乐厅完全不同的声音
时间和空间的推理
我很幸运　我知道莫扎特
听你的音乐　演奏你的音乐
一个最靠近上帝的人
才有可能解读你的灵魂

有人认为你从来就没有幸福

在你的生命之中
有三分之一在旅途中
抽搐与流畅并存
随和与狂野同在
如同轻快而踊跃的快板
永远的爱情穿上性感的内衣
和华丽整洁的床单绝配
男人和女人的裸体
永远的渴望
永远在产生新的美丽
就会有无穷无尽的欲望奉献出来
我随着你明朗的快板
为我的小提琴准备嫁妆

《A 大调第五小提琴协奏曲》
我看到了你的每一件作品建立起来的大厦
你是蓝天　你是大地
你是河流和海水
你是繁星满天的夜晚
你是席卷整个世界的风暴
从 18 世纪开始
人类幸运地有了你
所有能够听到你音乐的人
都是幸福的
在你之前就不幸去世的人
他们确实是不幸的

我要向你道歉　我常常

因为听你的音乐而兴高采烈
因为过分高兴而失手
把手中的高脚杯摔得粉碎
在你的音乐中创作诗歌作品
我甚至在你的音乐中找到爱情的甜蜜
那是一件多么快活的事情
当然　在你的音乐中也会潸然泪下

我常常想
很多优美的旋律
不是在和女人调情中产生
就是在床上萌发出来的灵感
莫扎特
我要向你道歉
我的猜忌伤害了你
天才而伟大的灵魂
而我坚信　音乐的灵感
来自每一个细胞的分泌物
我要向你道歉的不止这些
还有很多
我一时想不起来

《G 大调第四十号交响曲》
是你音乐中最激烈的一首交响曲
让生命轻快地荡漾起来
这也是你在火热的夏天创作的三个交响乐的其中之一
《C 大调第四十一号交响曲》
更像是走向胜利的终点

1791 年你撰写了
最后一部歌剧《狄托的仁慈》
在大海上飘摇的行船
突然转入风平浪静的港湾
这一年你抱病指挥了《魔笛》
然后
你随着笛声离开了我们
到天堂报到去了

莫扎特啊莫扎特
你是海洋
你承担了世上所有的罪名
所有的罪也都是我的罪
因为我仿佛看见了这罪
体会到了这罪就要承担这罪
因为看到了世界上所有的苦难
因为体会到了　就要承担这痛苦
只要这世界存在
它就是我的世界　我的罪
我的梦存下来了
只要有信仰　死亡就不可怕
我死了
所有生的东西都是我
沉重的十字架
已经压弯了死囚的腰
莫扎特啊　你承受了你的世界
我必须承受我的世界

莫扎特啊
血液里无法安息的人
灵魂　海啸
那是英雄的声音
席卷着整个人类的情感
滚滚而来　因为要答谢生命
所以　你提出结束生命
你常常渴望
那些简单的幸福
活着并追求自己的爱情和理想
整个生命就会变得
崇高而伟大
伟大是最平凡的
因为它省略了所有多余的部分
即使是一生都没人注视
也会让内心充满激情的燃烧
莫扎特啊　你就是这样的人
整个生命是灿烂的
灿烂就是死亡

莫扎特啊　我的莫扎特
你永远表达快乐
好像你拥有着全世界的快乐
哪怕你的心里正在流血
你的音乐里也只表达快乐
难道你不知道痛苦吗
哦　你的忧伤比天空更大

可是你更热爱大自然
更热爱人类　你热爱所有的生命
一个人的悲欢离合
怎么能比得上整个世界的美丽与壮观呢

你说
“诗必须服从音乐”
音乐已经走进我的诗歌
我的诗歌与音乐合二为一
哦
莫扎特
我的莫扎特

2008 年 7 月草于陕北
2019 年 12 月于西安定稿
2024 年 4 月于西安再改

从小提琴手到中国长诗奖获得者

——尚飞鹏访谈录

记者：您好，很荣幸能邀请您做这个访谈。在您的艺术生涯里，小提琴手和诗人的双重身份赋予诗歌很独特的韵味，那么，作为陕北人，故乡情结在您的创作和艺术道路上有什么重要的作用？

尚飞鹏：陕北是我的出生地，我的故乡。我曾在一篇文章里写道："什么是故乡？故乡就是常常在梦里出现的地方。"老实说，我现在的梦里几乎全是陕北的人和事。陕北的一草一木、山川河流、童年的快乐，以及过去的饥饿和苦难，随着时间的推移，都变成了给予我智慧的土壤。陕北的地貌很美，它的线条让我的视觉记忆丰富而大气，它的贫瘠和多灾多难也变成了我的财富，它的民间音乐是我听觉记忆的享受。这样的人生经历使我有了最早的思辨能力和审美趋向。陕北的大自然，让我知道了对比和统一的关系，懂得了自然与生命状态合一的道理。

记者：作为艺术家，故乡情结和童年经历都会影响您的创作，那么您的童年是怎样度过的，这段经历对于以后的艺术生活有多大的意义，能给我们讲一讲吗？

尚飞鹏：我的童年很快乐，因为母亲的特殊工作，我出生四十天后就生活在奶妈家，在奶妈家度过了十五年的青少年时期。那个年代大家的日子都很苦，而苦难的童年会激发成年后的创造力。我认为，最不幸的童年是没有自由，而我的童年得到了自由，我认为，童年最好的教育，就是给孩子自由。我的童年就是这样，可以打乒乓、踢足球、跑步、捉迷藏、打土仗、在大河里游泳，没有任何压力，不像现在的孩子，都在强制之下学习。我一直相信从童年的玩耍中能够获取最大的想象力，我后来的创作基础就得益于童年的任性和自由。童年的玩耍中会产生伟大的哲学，我学习音乐也是自发的，没有任何人的指导和强迫，是童年的自由发挥，使成年的我一直保持着这种自由发挥的创造力。

记者：音乐和诗歌是您成长过程中最重要的艺术实践，在您看来，音乐和诗歌有什么共同的特质使得您选择了这两种艺术形式？是一种什么力量在支撑您几十年的艺术创作？

尚飞鹏：我自小就喜欢音乐，十三岁开始学习笛子、二胡，后来上了初中遇到音乐老师艾谱，琴艺才得到提高。因此，我十五岁考入文工团，后来到西安音乐学院学习小提琴，都要感谢我的启蒙老师。选择音乐这个职业，完全是爱好，是我生命中最重要的经历，它对于我的人生以及一切与艺术有关的创作，都有着密切关系。可以说，没有音乐，就没有我的一切。诗歌创作，首先与我热爱文学有关，在我学习音乐的同时，就开始阅读文学作品了，即使在音乐学院学习小提琴的期间，也没有放弃阅读。同时，诗歌创作也得益于音乐艺术的实践和修养，将听觉艺术的表达，转换成文学表达，这就是从自然到必然的转移，它们表达的本质是一样的。如果现在要总结的话，我觉得，开始学习音乐就等于开始写诗。当一个人的创作成为日常生活的需要、生命的需要时，才能坚持到永远，并且能够感受到创作的快乐。也许是因为有了音乐元素的加入，才有这么旺盛的诗歌创作力。当然，我的父母都是搞文艺的，遗传也很重要。总之没有人逼着我学，是自己抢着学、偷着学。我记得有一句话："兴趣是最好的老师。"直至今日我也没有放弃练琴，练琴对于我，比阅读更重要，因为音乐的抽象性，更容易激发人的想象力和写作快感。

记者："诗歌"两个字中有个"歌"字，也就是说它的韵律性是不可忽略的，失去了韵律或音乐性，诗歌也就失去了美感。您是一名小提琴手，在乐队演奏了十多年，又创作了很多的歌曲和歌词，并发表获奖，同时您又是一名诗人，您对这个问题是怎么看的？

尚飞鹏：诗歌的表达工具是文字，文字本身有约定俗成的意义，它主要通过阅读感染人。而音乐是由音符组成的，音符本身没有意义，所以音乐不容易听懂，但它比诗歌更容易感动人。音乐是听觉艺术，听觉艺术更抽象一些，用音符传递情感，音符创作的旋律全凭心灵感应来理解乐曲的情绪。音乐响起来，人就会有舞蹈的欲望，而一首诗的感染力就不可能产生这样的效果，这就是音乐和诗的区别。你说得对，在古代诗和歌是一体的，诗是为歌而唱的，也有吟唱的诗歌作品，这是诗的另一种表现形式。那时候诗词是专门为歌女创作的，通过作曲家谱曲，歌女演唱才能传播出去。我的诗歌创作可以说是音乐创作的一种延续，因为我更喜欢作曲，但因为某些原因，不能如愿。用诗歌来表达情感更具体，更容易让读者接受，我一直努力，将音乐的歌唱性、抽象性以及自然表达的状态注入诗歌之中，使诗歌有了听觉的美和流动的感情。有人说，我是用文字写音乐的诗人，我愿意接受这样的评论。我希望我的诗歌能超越诗歌本身，加入更多音乐的成分，使音乐精神和诗歌精神更好地融合。

记者：您的这种想法很独特，那么您觉得真正的诗人是具备怎样品质的人？

尚飞鹏：诗人的本质是善，做人的根本也是善，这是一致的。离开这个根本，就不具备做诗人的品质，不配。

现在很多诗人不好好写诗，靠一些非正常的手段制造新闻事件，或者追求获奖的频率，这样的结果是把诗坛搞乱，好诗没有了标准。这样一来就苦了真正的好诗人，这对他们是不公平的。

记者：诗人大多贫困，因为作为文人，他们远离权力和金钱的中心，那么您觉得作为一名诗人的理想或者说目标是什么？

尚飞鹏：我在权力和金钱方面没有野心，能吃上、能穿上就可以了。具体说，做一个普普通通的人，做一个快快乐乐的人，做一个健健康康的人，做一个自自然然的人。但做人一定要有理想、有大志，我的理想和大志就是做一名伟大的诗人。我为此已经努力了四十多年，还要努力下去，一直到死。我从来没有感到委屈，因为热爱，就不求回报，不讲条件、无怨无悔。当然人非圣贤，但努力向圣贤的方向行走，是我的理想和目标。

记者：“因为热爱它，就不求回报、不讲条件、无怨无悔”，诗人好像天生在用一种热恋般的激情和执着去创造和表达，那么在现在这样一个经济社会，您觉得诗歌它自身存在的价值和意义何在？

尚飞鹏：诗歌的价值是对生命存在的阐释。对存在价值的不断总结和升华的过程，就是不断修正自己的认识和行为的过程，也就是不断提高对这个世界的看法和要求。对我而言，写诗就是快乐，我就是喜欢表达，把自己对世界的看法、对世界的想法都写出来，让后人知道，有一个人曾经有这样一些想法就够了。这可能就是我们经常所说的，是一种精神需求。诗是存在的物质，只是诗人被上帝的意识唤醒，并且感知到了它，再把它表现出来而已。首先，诗歌是有价值和意义的，不同的人有不同的解释，我的解释是诗人的存在与自然的存在是一致的，诗要反映地球的意志，表达人性的光辉，是不以任何人、任何集团的意志为转移。诗歌自身存在的价值在于净化心灵、感恩自然、坚守人性。

记者：您说得太好了，创作是一种精神需求。太多的时候，这种精神的力量真的很大，有时候人的情感急需以很有力的方式来宣泄，在这种时候，音乐和诗歌应该是慰藉心灵的最好方式了。

尚飞鹏：在诗歌创作之前，我一直在文工团任演奏员，基本上靠拉琴来表达内心的情感和思想，因为我一练琴就是几个小时，而且都是自己即兴演奏的乐思，我脑子里有无穷无尽的梦。

人年轻的时候，大多有张狂的时候，而我当时只想成为小提琴演奏家。后来有了更大的理想，一直埋在心里，等到不该张狂的年龄，我才开始张狂。20世纪80年代中期以来，我的创作如鱼得水，好作品不断问世，有点儿走火入魔，但我一直认为，这个阶段还是需要的。我1981年开始写诗时已经二十七岁了。1984年在公开刊物发表诗歌已经三十岁了。当时，不会有人承认我能成为诗人，这也许就是我的悲剧。但命运让我成为诗人，没办法，我有太多的思想、太多的情感需要表达，谁也挡不住，而且音乐的表达方式还不够，必须用文字更具体地表达，这就是拉提琴还要写诗的原因。

记者：您的诗歌创作得到了很多的关注，也得到了很高的赞誉，在这样的创作道路上，您觉得什么对您是最重要的？是这种时时传递给身边人的自信吗？

尚飞鹏：是的，我一直对自己很有信心，从不放弃自己的追求。2001年我写下了诺贝尔文学奖《受奖演说》，我不怕别人说三道四，相反证明了我的个性、气质和一直向目标推动的力量与决定，这是我给自己的一个目标。我不怕别人说我狂妄，在别人还没有发现我之前，在缺少赞美的时候，我一定要自己赞美自己、自己发现自己、自己鼓励自己，因为说出事实的真相，是使自己成为自己的唯一可能。那些骗子、吹牛大王，都口若悬河地招摇，难道我还不能说出事实的真相吗？该说的话一定要说，尤其在没有话语权的时候，说出来，以便让后人知道你当时的想法和处境。所以自信是重要的，发现自己更重要，我就是这么想的，我就这么说。写好诗，做一个好诗人，是我的命，我只看重诗人身份。

记者：您的这种自信和张扬的个性确实很感染人，也许这就是诗人气质的表现吧。那么您对于诗歌，对于自己的期许是什么样的呢？

尚飞鹏：我热爱诗歌，但我一直不神化它，我把它当作是一种爱好，就像爱下棋、爱散步、爱养花一个道理。我对诗歌的爱好，能使我一辈子健康善良、正直。诗歌创作就是一种修炼、修行、修养的过程，能够达到更高的精神境界和生命状态那是上乘。生命能来世上走一回不容易，要珍惜这个机缘，每一个人都有不同的使命，我努力让自己做得更好，尽量不给别人添麻烦、不伤害别人、不杀生，做一个相对干净的人。

记者：在现实社会中，诗人的桂冠有时候很不被社会认可，在很多事情上也得不到相应的回报和理解。您能不能谈谈，您是怎么看待这个问题的？

尚飞鹏：一个人的事业，能够被社会接纳，能够及时地得到回报是好事。但一时不被理解，也没有什么，继续默默地坚持，直到最后。也许一百年以后，被后人发现，你就会复活。一个集大成的诗人就要有这个准备，要不就会耐不住寂寞。凡事要有耐心，不急，但也不能懈怠。若能该快则快，该慢则慢，就基本把握了创作的规律，一切都要按照实际情况而决定，当一个人懂得了做人的道理，诗就会写得更好。我相信，人类需要自我奉献和敢于牺牲的人，需要大公无私的人，需要高尚的人，需要纯粹的人，需要踏踏实实创业的人。正因为有这些人，人类才会延续，否则，人类也不会发展到今天。但必须警惕人类的错误，给发展中的社会以批评，也是一个诗人应该关注的问题。

记者：“当一个人懂得了做人的道理，诗就会写得更好。”这也说明了诗人存在的一种意义了。尚老师，和您交谈之中，您在传达一种自己的诗歌理念和生活的观点，那么除了对诗歌、音乐的执着之外，在现实的生活中，您崇尚怎样的生活方式？

尚飞鹏：过简单的生活。生活简单的人能节约出更多的时间，这样有利于看更多的书，创作出更好作品。我一直坚持过简单的生活，不关注所有的名牌、汽车，也不知道房价、股市。在我的生活中没有名牌，重要的是自己必须是名牌。没有人不喜欢过好日子，而是生活的重点不放在对物质生活的追求上。我喜欢运动，坚持打乒乓球、在环城公园自由自在地散步；喜欢与知己者交谈，有说有笑地逗乐，幽默是诗人特别的才华。

记者：过简单的生活，是为了心灵的宁静和思考吧？那么您觉得思考对于一个诗人的意义何在，或者说应该思考哪些方面的问题？

尚飞鹏：思考是最复杂的问题，能思考多复杂就思考多复杂，但最后要回到简单上来，生命的意义和存在的价值要在日常的生活中体现出来。一个优秀的诗人，一定是一个思想家，而一个思想家不一定是诗人。要达到这个高度，就必须天天学习，向别人学习也向自己学习，随时随地写作，追求真理和正义。“公平和正义比太阳还要光辉。”知识分子要为推进民主化进程做出自己应有的贡献，就要摒弃过平庸的生活，对自己有更高的要求。用现在最流行的一句话：“男人要对自己狠点。”这话是对的，但要用在刀刃上，用在正事上。对于我来说，思考就是快乐。

记者：如此热爱和崇尚诗歌的您，觉得世界上还有没有比诗歌更重要的事情？

尚飞鹏：世界上一定有比写诗更重要的事情。那就是拥有爱情、亲情、友情，诗歌永远是用来赞美和歌唱这种情感的工具，而不是替代。

永远要感谢爱我和我爱的女人，永远感谢母亲、永远感谢帮助过我的朋友和良师益友，永远感谢和崇拜美好的事物。同时，诗歌还有另一种作用，就是对社会的监督。我想，如果一个诗人没有是非观念、失去公平和正义之心，也就失去了做人的根本立场。

记者：您这话说得太好了！一个真正的诗人，一定是心怀美好的人，在此之外，他还应该具备一种社会意识，这点您同意吗？

尚飞鹏：是的，诗人对美丑的敏感，对社会不良现象的尖锐批评是必要的，诗人往往是一个时代的先锋，他的超前意识，使他容易受到伤害。对我而言，我可以不关心自己，但必须关注祖国每一天的变化，它的每一次呼吸都牵动着我的心跳。我不相信艺术家不关心政治的说法，真正的艺术家在任何一次重大的变革中，都有他鲜明而响亮的声音。

记者：是的，我也同意您的说法。一个人不断进步一定是在吸收多种的养分，读书也是其中之一。那么，您能和我们谈谈读书对您的创作的影响吗？

尚飞鹏：年轻时读书很多，也很杂，现在读书渐少，买书也不多主要是眼睛累，当然，现在听书的时间更多一些。我自己规定必读每年诺贝尔文学获奖者的著作，其他就随自己的兴趣而定，包括在网上读一些文章，都算是阅读的一部分。我读书从来没有计划过，从来没有系统过，基本不做读书笔记。我相信，该记住的不会忘记。我的灵感或者说创作的源泉来自四个方面：一、关注当下的生活，汲取生活中鲜活的语言。二、阅读。三、听音乐，有时候自己练琴。四、思考、联想、幻想。我现在还有几部没有出版的诗集和其他著作。我是那种写得很多，发表得很少的诗人，我没有时间投稿，没有经济能力出版。今年出版的《演奏者》，是二十年沉默之后的一次爆发。

记者：尚老师的写作激情很高啊，在平时，您是怎样保持这种写作状态的？

尚飞鹏：不讲究写作的环境，不制订写作计划，没有专门写作的书房，也没有专用的书桌，在哪里都可以写，坐着、躺着、站着，身上永远有准备好的纸和笔，房间里到处都放着纸和笔，以便及时记录，走到哪里写到哪里。我觉得诗人不是所谓的文人，也不是常见的学者，诗人就是诗人，是一个特殊的人群。永远不算计别人，也不防备别人的算计。保持有一颗单纯的心，自然人性的状态，从不拿腔拿调，我一直追求这样的境界，做一个绿色的诗人、环保的诗人。

记者：尚老师，我太赞同您这个观点了，“做一个绿色的诗人、环保的诗人”。谢谢您这样的呼吁，那么，在对待诗歌上，您能不能再和我们谈谈您对于自己乃至自己诗歌观点的总结。

尚飞鹏：到目前为止，如果要总结一下自己，我觉得，在现实生活中，我不算一个好丈夫，也不算一个好父亲，这个标准是很高的，我还是达不到。但我善良，从没有亏待过人。我敢肯定，我是真诗人。孔子讲：“上善若水。”诗歌的品质与此吻合，音乐的品质也与此吻合，追求高贵，而姿态应放到最低，既明事理又谦卑自律，我认为这就是真诗人。

记者：真正的诗人，他的心必定是向善向美的，他要赞扬美好的事物，也要勇于承担苦难，您觉得呢？

尚飞鹏：在众人都喧哗的时候，我不想说话。我在现实中随和、忍让、宽容、谦虚，但在我的诗里、文章里，我必须发出我自己的声音，这是一个人在文明社会应该承担的义务。该反对的要反对，该坚持的要坚持，我要求自己站在人类共同利益的立场上发言，必须说真话，与岁月一起成长。

记者： 您的这些话令我感动，也让我看到您身上的诗人气质。作为诗人和音乐家，您觉得对自己创作上产生过很大影响的人有哪些呢？

尚飞鹏： 对我创作上有影响的诗人很多，但首先是陕北民间艺术、民歌、民谣。中国诗人有艾青、郭小川、郁达夫还有很多很多。外国诗人有，艾略特、里尔克、惠特曼、默温、叶芝、聂鲁达、普希金等。但对我最初影响巨大的是非洲诗人，他叫奥波尔德·塞达·桑戈尔。他是一位政治家，曾任塞内加尔的总统二十年，三十岁才开始写诗，是一位杰出的诗人。看了他的诗之后，我的生命才完全打开了。我总认为，非洲与陕北、桑戈尔与我，生命迹象总有某些相通的东西。关于他，我一定会写一篇文章，作为报答和回应。做一个诗人太幸运了，他容易接受更多的信息，甚至一个眼神、一个美丽的背影、一句话、一个飘来的声音，只要是美好的事物都会被打动。我总觉得，做一个诗人比别人感受到的更多。我有时候边拉琴边流泪，连自己也不知道为什么，可能是因为孤独或者是幸福吧，谁知道呢？

记者： 非洲之于陕北，您也让我看到了诗歌乃至文化的一种互通和共融。我们知道您很早就开始创作长诗，而且出版的第一部诗集《情王》就是一部长诗集。那么，关于长诗的创作您有什么想法？

尚飞鹏： 是的，我二十七岁开始写诗，按照传统观念对诗人的要求，这么晚开始写诗，不可能成为诗人，但我不信这个，我当时感觉浑身都是力量，像十七岁的小伙。我想，我一定能够成为一名优秀的诗人。

我写长诗很早，可以说是1984年就开始了，创作的第一首长诗是《唢呐独奏》，已经收在我的诗集《情王》里。其实我真正的第一首长诗应该在1980年的冬天，那是一首情诗，一口气写了十页稿纸（一百五十行），可惜这首诗弄丢了。我写长诗，完全得益于音乐，因为音乐的表达连续不断、相互照应以及内在结构的形成和自由的精神气质，都适合在长诗里展开。我当然是音乐的宠儿，又把音乐的灵魂附在了诗歌的身体内部。我是幸运的，也是幸福的，从1984年开始到现在，我每年平均有两首长诗问世，但遗憾的是，从来没有评论家对我的长诗做总体评论。

每一首诗的创作内容不同、时间不同、环境不同，所以方法也不同，可以说，任何一首诗的创作都是特别的。我的长诗创作也如此，我这里要提醒的是，我的任何一首长诗的创作很少有具体的情节和故事，而是用纯粹的情绪表达铸成的意识流。有的诗先写出来了，但不知道具体是什么意思，我需要慢慢读懂它，然后给它起个名字，这类诗有《乱辞》《三部曲》《半音音阶练习》等；而《大梦》《情王》《情后》《归去》是先有标题，后有文字的。我的长诗，它们确实与音乐有紧密的关系，它们就像音符在飞翔，在舞蹈。

记者：我们知道您去年获得了“第八届中国长诗奖最佳文本奖”，能说说您的感想吗？

尚飞鹏：是的，2023年可以说是我的幸运之年，这一年有两件大喜事：一件是我的长诗《黄土高原》获得“第八届中国长诗奖最佳文本奖”，这个奖对我很重要，因为，我从1984年就开始创作长诗，有四十年长诗创作的经历，创作长诗作品近八十首，这个奖是对我长诗创作的最高奖赏，这届获奖的诗人还有唐晓杜、西川、路也等我喜欢的诗人。

另一件喜事是散文集《复活的路遥》由阳光出版社出版，这是我三十多年为路遥撰写的一部著作。它是对路遥先生的致敬。路遥精神始终是我创作的动力，他的奉献精神是我人生道路上的榜样。

记者：最近听说您要出版一部长诗集《演奏者》，《演奏者》的出版对您这位七十岁的老人而言，它意味着什么？

尚飞鹏：《演奏者》是继长诗集《情王》之后的又一部长诗集，选入的三十五首作品，代表了我三十多年来不同时期的创作高峰。其中《和唐三藏一起走在取经的道路上》《燃烧的冰天雪地》《从长安到敦煌》是对生命之路的探险与歌颂，确立行走的方向和引导人生的意义。《黄土高原》《灵魂的雕塑》《发生在冬天的嬗变》表现了我对土地、英雄和真理的崇拜与追求。《双乳》《小妹》《午夜的玫瑰》是表现爱情的三部曲，优美的情歌响彻天际，是对友爱、友情、博爱的歌唱。《都市大逃亡》《剪刀》《时间是一匹快马》等作品则是对生命哲学的思考，它是通过思想的光芒，照亮诗歌与远方的源头。

对我而言，任何一次出版，都是作品与金钱在有限的控制中，精心策划的一次事件，一次既烦琐又兴奋的行为艺术。

《演奏者》是用音乐思维谱写诗歌语境的作品，诗歌语言的探索与现代性，成为它表达生命的审美理想。它的出版，对于长诗的深入研究和发展，都有着重要的现实意义和历史意义。

记者：诗歌和音乐的结合，是您艺术生命力和激情的独特表现方式，从小提琴手到桂冠诗人，在艺术的道路上，追求的脚步从来没有止息过，您的话语和观点，也是对于我们年轻写作者的莫大的鼓励和指引，感谢您！

尚飞鹏：谢谢！祝福诗歌！

演奏者的自白

三十年前陕西人民出版社出版了我的长诗集《情王》，并获得陕西省第八届文学奖。三十年后再出版《演奏者》这部长诗集，我感到十分欣慰，陕西人民出版社是我的福地。

对于一个诗人而言，能看到自己的作品变成一部厚厚的书，是一件很高兴的事情，一路走来要感谢的出版社、杂志社和编辑很多，在此一并致谢。

即使诗歌创作对我是一件非常快乐的事情，也需要一生的努力，才能获取丰收的喜悦。我晓得，一个不努力改变自己的人，不仅没有现实的意义，也没有可以期盼的未来。确实如此，就像一个修行的人，必须遵循很多清规戒律，才能得到正果。

我自己就是一个演奏者。演奏者必须与手中的乐器达成某种默契，掌握它的演奏技能，熟悉它的音高，保证它能拥有完美的音色，才能实现音乐丰富的表现力。

演奏者热爱自然，热爱中华民族和世界，理解并且保护它的意义，成为它的朋友和亲人。演奏者演奏优美的旋律，也演奏忧伤与痛苦的作品，并且在演奏的过程中用全部的爱拥抱生活，拥抱宽广而自由奔放的土地。

音乐的任何一种情感都在演奏者的表达范畴之内，演奏者如果没有饱满而充分的情感，就像是一台机器、一具木偶，没有灵魂的表达是无效的。

演奏者与欣赏者之间拥有亲密的信任关系，我的诗歌努力穿过精彩或者灰暗的岁月，将词语体现得更加灿烂，成为语言艺术最具音乐性的表达。我的诗经过这样的洗礼，才能产生并且魅力四射。

一个人最基本的问题是生存，生存大于一切。如若不然，人生的其他问题就不能一一展开，正常的娶妻生子、柴米油盐，诸如此类的问题，一样也解决不好。

从写第一首长诗开始，到现在已经四十年了，《演奏者》是我40年创作的长诗作品中的一部分。在演奏者的眼里，世界是情感的世界，生活中充满了温暖和爱情的气味，由此产生的忧伤和痛苦也是美好的。在演奏者看来，世界是和平的、绿色的，草坪和雪域上玩耍的妇女和小孩是美丽动人的，艺术就应该表现这样的生活。

我是幸福的，因为我找到了我愿意做的事情，我相信，一个人一辈子把一件事情做好，生命之光就会照亮整个人生。谁也无法与时间比长短、比久远、比高低。生命就那么几十年，一件事做到生命的尽头，人生就成功了。

尚飞鹏

2024年1月